中泽弘光《若草山》，1915 年
图片来源：パブリックドマイン Q 美术馆

以市民为中心的
社区治理

奈良町的居住与福祉

黑田睦子 著

刘昭吟 齐全 黄秋琳 译

龙元 校

上海文化出版社

吉田博《东大寺二月堂》，1926 年
图片来源：パブリックドマイン Q 美术馆

写在前面

|

龙元

初识黑田睦子先生已经是二十多年前的往事。

1999 年初夏，作为名古屋大学博士研究生，我与研究室一位日本硕士生因共同的公共参与课题，结伴如约前往奈良，访问并调研日本社区治理先行者和榜样之一的奈良社区营造中心（奈良まちづくりセンター，以下简称"中心"）。中心设置在市中心历史街区奈良町内著名的"奈良物语馆"中。这原是一幢空置许久计划拆除的历史老民宅，在中心的努力下终于得以保存和修复，最终成功地改造为容纳丰富多彩的市民生活活动的场所和游客喜爱的网红地。馆内二层狭小的阁楼就是中心的办公室，狭小、古朴、拥挤而略显昏暗，相比曾经访问过的其他社造中心（如东京世田谷）还是多了几分寒碜之感。时任中心理事长、仰慕已久的黑田睦子女士热情地接受了我们的访谈。

话题自然围绕奈良的社区治理展开。从她轻松、亲切而缓慢的语气开始，交流模式很快切换到矛盾、冲突、曲折、转变，娓娓道来中不时提高声调，吐出严厉的谴责和愤怒。奈良的社造历程，正如书中所描述的那样，就是一出悲喜交加的社会惊险剧，环环相扣，紧抓人心，令人动容。她的正义、果敢、执着和激情，使她不断挺身而出，在崎岖蜿蜒的道路尽端又开拓出一条柳暗花明的大道。黑田睦子作为一介普通市民所拥有的非凡社会使命感，就是日本社区治理事业不断推进的核心动力。

想起东京大学西村幸夫教授的一句话："推动一个停止的东西比加速一个启动的东西，需要几倍的精力和能量，能干这种活的人就是社造领袖。"黑田睦子就是这样的典型。

一个下午的时光瞬间流逝，暮色中登上返程列车，与黄色灯火中的古都告别。返校次日，十分意外地看到黑田发到学院办公室的传真，其中特别提及过去日本侵华造成的伤害，今天的日本学生应该友好相待并尽力帮助中国留学生。我不由肃然起敬，感铭心切。

2002 年春从名古屋大学一毕业便匆匆回国，来不及和黑田先生告别。回到母校华中科技大学工作的第二年，正好参与筹办次年学校主办的"第一届 21 世纪城市发展论坛"国际会议。于是"假公济私"邀请黑田先生作为日方嘉宾来武汉参会，总算圆了再见的心愿。我清楚地记得她兴致颇高，会议正式场合她一律和服登场，美轮美奂，稳定地占据着会场最亮丽的位置。唯一遗憾的是，2004 年尚处在中国城市快速扩张的起点，奈良社区治理的话题在会上反响不大。会后，黑田兴趣盎然地走访了历史悠久又充满活力的武汉汉正街地区，深入交流了我们的非正规性城市研究视点与奈良社造实践的诸多共识。自此，开启了与奈良社区营造中心持续而稳定的交流，基本上双方主持的重要交流活动均邀请对方参加：奈良、今井町、乌托罗、槟城、巴厘、武汉、厦门、泉州，近年来更是频繁，或公或私，每年相聚。

家庭妇女是日本女性的传统定位，黑田却坚定地与此划清界限。"我最讨厌做家务"是她的口头禅。也许是优越的生活条件让她从不为小家的柴米油盐烦恼。但她还是操心，操"大家"的心。对社区、对城市、对地域乡土的深爱，让她在处理这类"大家务"时精力旺盛，不知疲倦，被身边的朋友们尊称为奈良"民间的市长"。日本住居福祉学会创始人、已故著名大学者早川和男先生曾描述"民间的市长"的一个特点：在街上与她同行，边走边说之时，时常会发现忽然她人不见了，声音也消失了。原来她步伐很快，加上处理事务繁杂，所以不知不觉中甩开同行者，切换思考模式。

她身边朋友很多大学教授、媒体人、政府官员以及社区治理的参与者等等。十分有幸不少在场的记忆，凑在一起的谈论话题无一例外都是从社区治理延伸到时政，台面上的政治家一般都是批评对象。一番忧国忧民、慷慨激昂之后，大家都习惯于把球抛给黑田："你为什么不去管管呢？""你管得了吗？""都是你没有管好啊！"——是调侃，是信任，更是尊重。

80 高龄的她早已退居二线，步伐也渐渐慢了下来。奈良社造中心理事长几度更迭，但仍为她保留着顾问一职。虽放下日常琐事，但仍不辞辛劳为中心、为社造事业内外奔波。她永远都在战斗。

2018 年 11 月，"日本全国历史街区保存和再生联盟"授予黑田先生"峯山奖"，表彰她以及奈良社区营造中心四十多年保护古都，让奈良町通过市民的手再获新生的卓越战绩。黑田是该联盟历史上的第三位获奖者。

　　黑田女士与泉州的缘分源于 2011 年秋。这是她第一次访问泉州古城，站立在开元寺东西塔下，久久不离。后来她告诉我，"东西塔有一种让人落泪的力量和感动"。非常惭愧，我虽没有这种感动，但为她的感动而感动。

　　令人欣慰的是，泉州社区治理的启动使黑田与泉州有了更多的交集。近年她两度光临，漫步古城大街小巷，直接与社区居民对话，参与社造青年人的讨论，让两个城市的社区治理实践呈现交点。她曾提议建立泉州民间历史建筑保护基金，并表示会带头认捐。2019 年她积极推进由日方主导的"亚洲遗产网络"国际会议在厦泉两城召开，更让泉州与奈良、泉州与东亚的社造交流迈上新的台阶。此次，她 2006 年的专著中译本《以市民为中心的社区治理：奈良町的居住与福祉》一书问世，让我们有了分享奈良的经验和教训的可能。助力泉州的古城保护与更新，既是黑田睦子及奈良社区营造中心的期待，更是我们本地工作者的责任和使命。泉州的努力将成为中国城市社区治理工作的试验田之一。

龙元

2021 年 1 月 13 日厦门集美

中文版序

黒田睦子

此次承蒙上海文化出版社的好意，拙作《以市民为中心的社区治理：奈良町的居住与福祉》（居住福祉丛书 9，东信堂，2006 年）将在中国出版，这令我感到无比荣幸。我在此谨向上海文化出版社表示由衷的感谢。

我从没想过自己与卜海竟如此有缘。2009 年，我应邀参与了武汉大学组织的"城市的保护与再开发：武汉与奈良的城市历史性和非正规性的比较研究"中日国际城市研讨会。会议期间喜获同济大学国家历史文化名城研究中心赠书《中国江南水乡古镇》，并从这本精美的书中充分领略到中国江南的魅力。

同时，《以市民为中心的社区治理：奈良町的居住与福祉》一书能通过与泉州古城社区营造的缘分被翻译成中文，并承蒙龙元教授承担本书中文版审校，对我来说也是一大幸事。

我与龙元教授相识多年，和他的初次见面早在 1999 年。当时，龙教授正以公费留学生身份，就读于名古屋大学环境学研究科都市环境学系。他到访奈良社造中心，是为其"历史城市保护与非正规性城市之社造"的研究进行关于"奈良町保全再生案例"的调研。学成归国后，他回到母校湖北省武汉市的华中科技大学建筑与城市规划学院任教。2004 年 11 月，我应邀作为专题讨论发言人参加了中国城市规划学会、华中科技大学建筑与城市规划学院、武汉大学人居系统工程研究中心共同举办的"21 世纪中国城市发展"国际会议。在"城市文化"小组会上做了题为《以市民为主体的奈良町社区治理》的发言。后来，龙元教授受聘至福建省厦门市华侨大学建筑学院，又数次邀请我参加了其主持的国际会议，使得我能持续地与中国同行交流奈良町社区治理的经验和变化。

接下来对奈良町市民主动参与社区治理的历程略作回顾。

公元 7 世纪，元明天皇（660—721）迁都仿唐长安而建的平城京，元兴寺随迁至宫城东侧。奈良町最初便是形成于该寺周边，至今已有 1300 多年的历史。12—17 世纪，奈良曾因商业而繁荣，却在二战后的经济高速成长期中被时间风化，成为失去了记忆的城市。

1975 年，日本设立了以保护历史街区为目的的"传统建筑物保存地区制度"。同年，奈良因居民意见不统一而未能成功入选传建地区。但在奈良町被指定为"都市景观形成地区"后，修缮案例增加，奈良的街道又恢复了美丽面貌，居民的评价也从"不想住在这里"变成了"能住在这里真好"。

1979 年，为了复兴奈良町这座日本最古老的城市及日本人的精神故乡，几位市民秉持"靠自己的力量建设自己的城市"的信念，成立了奈良地域社会研究会，后来转型为奈良社区营造中心。1989 年，中心在"活用地区资源进行地区经营"的理念之下，就"再生活用空屋和仓库"以及"奈良町博物馆城市构想"向政府提出了建议。1990 年，奈良市通过了"奈良町繁荣构想"，随后发布《奈良町都市景观条例》，并于 1994 年划定了奈良町都市景观形成地区。政策条例规定，为了维护古都景观协调，政府需为町屋[1]的外立面修理及提升提供补助。

1991 年，在笹川和平财团的赞助下，中心参与成立"亚洲和西太平洋城市保护网络"（Asia and West Pacific Network for Urban Conservation Inc., AWPNUC），为了促进相互间的了解、友好乃至和平，与亚洲邻居们展开了超越国境与民族的交流。现在，中心仍与马来西亚、印度尼西亚、泰国、缅甸、柬埔寨、蒙古、中国大陆与台湾地区、韩国等亚洲国家与地区保持着交流，而且参与成立了"亚洲遗产网络"（Asia Heritage Network, AHN）。

1995 年，中心借助来自企业与市民的捐款以及政府的补助，修缮了一座老旧町屋，将其活化利用为民办民营的活动据点"奈良町物语馆"。

2004 年，日本颁布了《景观法》。该法案旨在夯实制度基础，为保护与培育地区独有之历史遗产提供助力。

法政大学教授田村明认为："如果一个城市的景观在其居民看来既美丽又令人感到舒适的话，那么证明这座城市是社会健全、秩序良好、治理得当的。"

2014 年，奈良市收购了奈良町物语馆附近一座拥有百年历史

1. 町屋：日本传统建筑中的城镇铺面房。

的传统町屋，开设"奈良町繁盛之家"，对大众免费开放。2016年，该町屋通过1996年设立的"登录有形文化财制度"（参见注释12），被认定为登录有形文化财。在导入"指定管理者制度"（参见注释62）后，"奈良町繁盛之家"由奈良社造中心与另外2家民间团体承接了设施的运营管理，至今已有7年。

奈良市繁盛科在奈良町一隅设置了办事处，正在通过与市民的共同努力推进"奈良町的活性化和新繁荣构想"（2017年制定）的落地。

2019年11月，通过国际交流基金的赞助，奈良社造中心与华侨大学建筑学院于厦门及泉州共同召开了"亚洲城市与多元历史社区的保护与更新"AHN国际会议。此次会议吸引了来自亚洲各国的10个团体，共60位成员的参加。在全体大会上，参会者就各国社区治理中的问题与课题提出了许多的建议。想必通过AHN这个团结的纽带，亚洲各国今后也将持续孕育出把历史文化遗产传承给下一代的智慧和方法。

2020年，奈良社造中心在文化厅的赞助下，完成了"关于不断减少的奈良町屋的调查"。调查结果显示，奈良的町屋数量已从35年前（1985年）的3259栋降至1285栋。为了能把奈良町屋留给后人，奈良市设立了联结租户与房东的"奈良町·町屋银行"等及其他制度，来保育地区历史遗产。

尺度宜人的奈良町是个木造町屋密集的地区。为了防灾考虑，我希望能够通过"近自然型水系恢复工法"来复原已变为暗渠的河流，并且通过限制车辆的驶入将奈良町变成能够供人们享受步行乐趣的街区。

在即将到来的 2021 年 11 月，全国街区研讨会将于奈良举办第 44 届会议。本次会议预计将有数百名来自日本全国、热心社区治理的政府人士及市民等参加。奈良社造中心为此而组织的执行委员会，正根据"何为能够代表街区的资产、如何继承与传承街区资产"的会议主题积极筹备着。

奈良町是我住惯了的家乡，衷心期望我们的社区治理活动可以为奈良町带来更加丰富的居住福祉资源，使它成为人们能够安心生活到最后的地方。

日本文化来源于有着五千年悠久历史与广袤国土的中国的古代文化。我还记得自己初次访问中国是在 1995 年。当时，作为奈良县派遣团的一员，赴北京参加了联合国第四次世界妇女大会的非政府组织妇女论坛。身为中国人的亚洲邻居，我无比希望奈良市老城区奈良町那横跨 40 年的保全再生活动，能够为中国读者在实践中国的社区治理时，提供一些可供参考的思路和案例。最后，当本书在中国出版发行之际，我要对上海文化出版社和为翻译及编辑本书付出辛勤劳动的龙元先生、刘昭吟女士、齐全先生、黄秋琳女士表示衷心的感谢。

黑田睦子

公益社团法人奈良社区营造中心·顾问

原版序

|

黑田睦子

我从年轻时起就深受老街区和民居的吸引。住到奈良后，我仍是一有机会便牵着年幼孩子的手，在漫步中探访那些正在逐渐消逝的古老聚落和民宅。我之所以会致力于保全和再生已经风蚀衰败的奈良市老城区奈良町，也正是因为这种志趣。

但是，1980 年刚开始活动时，我还不理解什么是"居住福祉"的思想，还认为"日本居住福祉学会"[1]对于并非专家学者的我来说，只是一个与己无关的存在。

开始感到"居住福祉"这一概念就在自己身边，是在读到日本居住福祉学会早川和男会长的著作《居住福祉》（岩波新书，1997年）时产生的。该书借助世界各地的多种案例，清晰易懂地阐述了一种旨在"促使我们居住的房屋、街区、村庄、国土本身成为福祉[2]，即达到居住福祉状态的社区治理"的哲学。每当我回顾至今为止的实践，都会坚信"居住福祉"便是社区治理最核心的关键词。

---

1. 日本居住福祉学会：学会主张人类生活在这个星球上，"居住"是生存、生活和福利的基础，是一项基本人权。我们生活居住的环境，居住地、地区、城市、农业和渔村等国家土地，是人们安全、安心生活的基础。学会将可传承后代子孙的"健康、福祉、文化环境"，实现"居住福祉学会"的诸多必要条件交由研究者、专家、市民、政府等调查研究，为此作出贡献。学会由神户大学名誉教授早川和男于 2000 年正式注册，目前的通信地址为大阪府大阪市住吉区大阪市立大学大学院生活科学研究科野村恭代研究室。—— 全书注释均为译者注，下略。
2. 福祉：是指人在安全、幸福感等生活质量上获得满足，身心得到全面发展的状态。其对应的英语概念为"well-being"。《居住福祉》中文版《居住福利论：居住环境在社会福利和人类幸福中的意义》2005 年已由中国建筑工业出版社出版，李恒译。

日本居住福祉学会提倡："适于人的居住方式是守护生命安全、健康、福祉、教育、真正的富足和人的尊严的基础，是让人能够安心地生活的社会基石"。同时，针对因为经济萧条而不断增加的无家可归者，以及京都府宇治市的在日韩国·朝鲜人聚居地"乌托罗"[3]被强制驱逐问题等，多次举办了现场实地研究研讨会。

很早之前，我就参加过其他团体组织的釜崎实地考察，也支援过"釜崎赈灾施粥会"，对这种实地活动具有一定的认识。而我第一次参加乌托罗的实地活动，则是 2005 年 8 月由"乌托罗守护会"主办的"战后 60 年·从乌托罗出发去崭新的未来"。那时，我看到街区里到处都竖着立式广告牌，牌子上写着的"乌托罗是我们的家乡，我们想在这里生活"和"请给孩子们未来"，看到的瞬间不禁怀疑，这里是日本吗？乌托罗给一直在韩国生活到战争结束的我留下了深刻的印象。2004 年，日本居住福祉学会和中韩相关团体在韩国春川共同举办了"第四届日中韩居住问题国际会议"。我听说这届会议促成了韩国政府对乌托罗的实地调查。这种不固守于学术研究而涉足身边社会问题的行动，令我感受到学会的潜力。

---

3. 乌托罗（ウトロ，Wutoro）：位于京都府宇治市自卫队大久保营地的北面，是在日的韩国人与朝鲜人的集聚地之一。该地区源于战时为机场建设招募的工人及其家属，他们居住的工棚和集体宿舍形成早期朝鲜人居住地。数十年来，居民一直与日本政府和日产集团为保障居住权力展开斗争，乌托罗遂成为在日韩、朝人权团体的典型议题。2016 年起日本政府启动乌托罗更新，拆除旧危房、清除非法占用和再开发。"乌托罗"乃为俗称，并非正式地名。原正确地名为"宇土口"，但误记误读、积非成是为片假名"ウトロ"（音译"乌托罗"）。

　　大约与上述乌托罗访问同一时期，2005 年秋天的"第五届日中韩居住问题国际会议"确定于奈良召开。同年 7 月，前期筹备会"居住福祉的社区营造工作坊——面向东亚居住福祉宣言"，在我们（社团法人）奈良社造中心的活动据点"奈良町物语馆"举办。可以说通过这次活动，日本居住福祉学会和我们一下子拉近了距离，从此学会和我们的活动结下了极深的缘分。

　　回首奈良町 26 年的活动，其根本便是学会所提倡的"令地区宜居的社会资源"的再发现本身。

　　承蒙这来自日本居住福祉学会和东信堂出版社《居住福祉手册》的执笔机会，让我得到一个难得的契机去回顾我们奈良町再生活动的轨迹。对此衷心感谢的同时，也坚定了我的意愿：今后定将更加致力于居住福祉资源的再生与活用，让奈良町愈发成为可持续性生活且生机勃勃的街区。若读者能从我们 26 年的活动之中，找到一些能为今后我国居住福祉的发展作出一点贡献的东西，那我将真心感到无比的喜悦。

黑田睦子

2006 年 6 月

目录

第1章

社区治理的主角是市民

——让风蚀衰败的街区复苏吧

第 2 章

自己的街区由自己创造

—— 奈良社区营造中心的 26 年

第 3 章

地区固有的风景和景观是国民共有的资产

——JR 奈良站拆除等问题

第 4 章

以街景与生活共存的街区为目标

社区治理的主角是市民

——让风蚀衰败的街区复苏吧

奈良地域研究会——花芝事务所内

图片来源：黑田睦子

奈良町再生活动与我

奈良市的老城区奈良町在战后的经济高速成长期中经历了年轻人的外移，成为只有孤家老人居住的寂寞寥落的奈良町。而在那时，为此风蚀衰败的奈良町而感到忧虑的十几位年轻人站了出来。

1979 年，旨在以市民之手复苏奈良町，志同道合的城市规划师、公务员、律师、社区报业[1]编辑、资质会计师、建筑师等十位同伴，成立民间团体"奈良地域社会研究会"。彼时正值所谓"地方的时代"[2]，乡村振兴、社区治理正席卷全国。

然而，虽说 70 年代萌生了不依赖行政、以熟悉地域的市民为主体来推动历史环境的保全和再生的活动，但那同时也是泡沫经济最鼎盛的时期。政府炸山填海大兴土木，热衷于兴建公共硬件设施[3]，企业则建造高层建筑，日本的风景因此而荒废。

---

1. 社区报业：仅在一座城市内发行，并且只刊登该市内部的新闻、广告、招聘信息等的报纸杂志，对应的英文概念为"Community journalism"。
2. 地方的时代：日本始于 20 世纪 70 年代的地域主义的口号，不仅是政治、行政、财政系统从委任型中央集权制转向参与型分权制的分水岭，也是探寻包含生活方式和价值观变革的新社会体系。（ja.wikipedia.org）
3. 公共硬件设施：日语称为"箱物行政"（はこものぎょうせい），指华而不实的公共硬件设施，是对中央和地方政府为地域活化目的却急就章地兴建大而无当、经营困难、举债高昂的公共设施的揶揄，譬如行政办公楼、学校、市民中心、博物馆、美术馆、体育馆、剧场、竞技场、游泳池、主题公园等。

人们视老旧的事物为落伍之物而一一破坏并建造崭新的街区，"保存"[4]与"开发"无法调和，总是成为对立的两极。奈良町的保存招来世人异样的眼光，成了一场与时代潮流逆行的革命。

其中，不随时代大流，坚持了为了未来而保存和再生历史遗产的"奈良地域社会研究会"的愿景，令人刮目相看。他们的思想是让最了解地方事务的地方居民自主地承担起社区治理。

当时，从新闻中得知此活动的我，在好奇心的驱使下成为了会员。原本先入为主地认为城市规划乃是官老爷的事，因此对于"市民主导、政府支援"一说感到很新鲜。城市规划会随着建筑物或道路、桥梁等的完工而结束，但"使地方美化、宜居、活化的活动"则是一场没有终点的长远旅程，其过程本身正是社区治理。对于他们的这一理念，我深感认同。

同时，我还很想搞清楚，到底有没有可能复苏风蚀衰败的奈良町。

序里述及，我自年轻时起就深受老街和民居的吸引。原因很可能是自己曾在韩国首尔居住直到1945年战争结束。对朝鲜王朝的景福宫以及有着独特屋瓦的传统民居的印象便是我的原始体验。

放眼望去，奈良周边民居的建造方式呈现着各个地区的文化圈的特征，十分有趣。大和栋[5]美丽的茅草屋顶，也让人感到兴味盎然。漫步在老街区里，随处都能见到昔日繁荣的痕迹，怎么看都看不腻。

我曾反复琢磨，是否有好办法能让这些继承了好几个世代的地区固有宝藏不要就此被埋没，并使之成为现代生活的智慧库。

1975 年，为了将人们经过数个世纪的生活所营造的村落和街区作为文化遗产传承给后世，国家出台"传统建造物群保存地区"[6]（简称"传建地区"）制度。传建地区中价值特别高的将被选定为"重要传统建造物群保存地区"（简称"重要传建地区"）。传建地区年年增加，至 2005 年 12 月全国已达 72 个。全国范围内，出台景观条例的地区也超过 200 个。

奈良县的传建地区指定于 1993 年，即橿原市今井町，一个为护城河环绕的聚落。当时预计 2006 年将大宇陀市指定为传建地区。奈良町于 1989 年开始探讨指定传建地区，但未取得居民的一致同意。1990 年制定了都市景观形成地区条例，1994 年被指定为都市景观形成地区[7]。

---

4. 保存（conservation）：使具有较大历史文化意义和景观特色的地段和街区，在改造中保持原貌的决策或措施。

5. 大和栋：也称"高塀造"，是奈良民居的建筑样式，以人字形草屋顶和屋瓦的组合和洗练的白色山墙为特征，房屋高处为主屋，低处为素土地面的灶间或土间。（ja.wikipedia.org）

6. 传统建造物群保存地区：依据 1975 时《文化财保护法》修正案所建立的制度，以保存城下町、宿场町、门前町等全国各地留存的历史聚落和街区。市町村确定了传统建筑物保护地区后，依据保护条例制订保护活用计划；国家审查市町村的申请，将其中具有国家级价值高度者选定为"重要传统的建造物群保存地区"。对于市町村的保护活用举措，文化厅和都道府县教育委员会给予指导和协助，并对其修景、防灾设备、解说牌设置等给予补助和税收优惠等行政支持。迄 2019 年 12 月 23 日，重要传统建造物群保存地区约 29000 件，覆盖了 100 个市町村的 120 个地区。（参考：日本文化厅网页）

7. 景观形成地区：日本各县市为了创造或保全优美景观，依据国土交通省《景观法》或各自的"景观条例"指定的地理区域。条例通常附有对指定区域内新改建建筑物的指导标准、对新改建行为的规范和相关补贴的使用规定。

奄奄一息的街区在成为传建地区后仿佛又有了气息，每次见到这种情况我都不禁感到安心和笃定。随着传建地区和景观形成地区的指定，居民和政府开始重新审视被忘却的街区，思考破旧町屋的修复、防灾和税赋优惠等问题，转身成为寄托着地方的未来梦想和希望的良好居住地区。虽然"法规会让自己不能自由翻建"的想法依然根深蒂固，但其另一方面的诸多优点，有必要由地方政府向居民耐心地说明清楚。

保全地区固有的历史遗产并整顿居住环境，让其独特的魅力成为国民共有财产传承给下一代，将培育地区居民对历史遗产的爱恋和自豪，使街区成为值得人们生于此、终于此的地方。都市的记忆始于儿时，在日常中延续的地域风景，它们的丧失将颠覆人们赖以生活的根基。

在居住福祉学看来，"长期生活中所熟悉的风景一旦改变，会对高龄者的健康造成不利影响。希望大家基于福祉的视角对街区、寺院或商店街等进行重新评价"。为了迁就子女而离开故土搬到都会区的老人，因为环境的剧烈改变而患上认知障碍症，这种事情屡闻不鲜。归根结底，在住惯了的地区和家里安心地生活到最后才是高龄者最大的幸福。

1996 年，国家设立了"登录有形文化财制度"[8]，满足建成50 年以上、对景观有所贡献、难以重现、能够边使用边保存等条件，并且经所有权人同意的建筑物可指定为登录文化财。目前，登录文化财正在逐年增加。

一位奈良町中江户时代町屋的所有权人，与我们（社团法人）奈良社区营造中心相交多年，对其世代居住的町屋有着深深的依恋。当本中心将之推荐成为登录有形文化财时，所有权人的自豪感自是更加高涨了。

---

8. 登录有形文化财制度：为保存文化财建造物、活化地域资产，日本于 1996 年诞生"文化财登录制度"，将文化财分为：有形文化财、无形文化财、民俗文化财、纪念物、文化景观、传统建造物群。此外该制度也包括文化财的保存技术、埋藏文化财。其中，"登录有形文化财建造物"指对 50 年以上并有一定评价的历史建造物进行登录，以宽松的申报制度促进总体的保存和活用，截至 2022 年 2 月 1 日，既有登录已达 13342 件。（参考：日本文化厅）

大和栋案例：桃林堂板仓家住宅（大阪府八尾市），2007 年

作者：Kansai explorer

图片来源：Wikimedia Commons

街区是大家的

大约是三十多年前吧，我到岛崎藤村的出生地，即长野县马笼旅行。马笼是中山道木曾十一宿[1]之一，江户时代到明治维新的 270 年间一直是个"宿场町"[2]。

在这个以前就憧憬的地方，我踏着旧中山道的石板山路从马笼漫步至妻笼，在民宿里挨着地炉品尝五平饼[3]，心中满满的乡愁。

为了妻笼的街区保存，村公所职员小林俊彦先生挺身而出。在街区保存还不像如今这般受人瞩目的时代，他便为了坚守逐渐消逝的村落风景而组织"妻笼珍爱会"，以此推进人口流失、被人遗忘的村落的保全和再生。据说，虽然妻笼最终高举"不出售、

---

1. 中山道：是日本江户时代的五街道之一，也写作"中仙道""仲仙道""木曾道"，是从江户（今日的东京）经内陆前往京都的道路。中山道的起点为东京的日本桥，终点为京都三条大桥，通过现在的东京都、埼玉县、群马县、长野县、岐阜县、滋贺县，全长约 540 公里，并设有 69 个宿场，也就是旅人的休息站，称为中山道六十九次。相较于其他古街道，中山道免于二战的战火摧残，保存良好，留有昔日的石阶、格子窗、土墙等，以及昔日作为驿站的老房子。通过木曾地区（横跨现今的长野县与岐阜县）的路段也被称为"木曾路"，"木曾十一宿"指贽川宿、奈良井宿、薮原宿、宫越宿、福岛宿、上松宿、须原宿、野尻宿、三留野宿、妻笼宿、马笼宿。
2. 宿场町：江户时代，基于中世（12 世纪末至 16 世纪中期）以来有住宿功能的驿站发展起来的带状商业街、聚落或城镇。宿场町依据条件有规模差异，除了提供给有身份的旅者的"本阵""本宿"外，宿场与宿场间有小驿站，提供给旅人稍作休息之用。
3. 五平饼：日本中部地区的传统小吃之一，又称"御币饼"。带有一点米粒感的糙粳米饭中加入酱汁，再以串烤的方式烤香，最后再度涂上酱汁增添香味。酱汁随着不同地区、季节各有不同特色，木曾地区的五平饼多以味噌为基底，麻糬的口感搭配上甜甜咸咸的酱汁。

不出租、不拆除"的居民宪章[4]，成功地实现了街区的保存，但是在整个过程当中却发生过血和泪的对立冲突。后来，妻笼被选定为重要传统建筑群保存地区，使它一跃成为知名的观光地。

最近，产业遗产也开始受到人们的关注。本中心于2004年参访爱媛县新居滨市的别子铜山遗迹。铜山遗迹广阔，值得一看。市政府设置了产业遗产活用室，将其视为观光资源进行运作。

各地历史街区运动不断发生，1974年在"街区是大家的"的口号下，诞生了"特活·全国街区保存联盟"（该团体已从非正式团体注册为非营利组织法人），其目的是联络和协力全国各地推动历史街区保存的居民运动。联盟以长野县妻笼、爱知县有松和奈良县今井的居民为主组建，并于1978年在爱知县足助町（今之丰田市）召开第一届街区研讨会。

其后每年，联盟主办、各地轮流承办召开的全国街区研讨会都吸引着居民、专家、行政人员、学生等各界人士的参加，形成"通过地方文化与历史街区的保存再生运动，为历史文化环境提升和地区活化作贡献"的活动理念。

对我来说，参加研讨会就是探访街区的绝佳机会，不知不觉

---

4. 即《守护妻笼宿住民宪章》：1971年7月宣言："妻笼住民承诺全然地以保存为优先，妻笼宿和旧中山道沿线的观光资源（建物、宅地、农耕地、山林等）皆贯彻"不出售、不出租、不拆除"三个原则。至今仍是妻笼住民所守护的住民宪章。（参考：妻笼观光协会网页）。

间从北海道至冲绳，已参加了十几届。每届研讨会首日都是来自各地的报告，总有心怀危机感的居民报告自己的街区因开发而面目全非，或珍贵建筑物正在逐渐被拆毁。对此，联盟则推敲对策，并与全体参加者一起采纳宣言，推进面向市民的启发和向政府的进言。

每次触及参加者的炙热情怀，我都会预感到街区保存今后将会在日本列岛推广开来。

2000 年，第二十三届日南研讨会上，采纳了《历史街区·聚落保存宪章》。"历史街区保存不能仅停留在聚落和景观的保全，还需要重构居民的生活方式、住宅和周边环境，以及将地区固有的价值传承给下一代"—— 该宪章所述内容，获得日本国际古迹遗址理事会的赞同。

2003 年，在奈良县橿原市今井町召开第二十六届研讨会 ——"再次呼吁！街区是大家的"。在分论坛"近代建筑物的保存与社区治理"上，我作了题为《旧 JR 奈良车站存废问题》的报告。

今井町离我家很近，我对它有着很深的感情。在它成为传建地区之前，我便常常带着朋友和外国友人前去参观。每次同伴们都会为今井町那世界超一流水准的街区而感动，进而疑惑为何它在日本仍然籍籍无名。

30 年前，今井町称念寺的住持今井博道先生组织了"今井町守护会"。守护会每月举办学习会，每次我都会很开心地去参加。作为中世环壕堡垒[5]城市，今井町里仅重要文化财级的豪商民居就存有七间，是无与伦比的、以完整形态留存至今的传统街区。我听说传建制度是为今井町制定的，但它被选定为重要传建地区却已经是很后来的事情了。这让我深刻地感受到今井町居民在传承这份厚重的历史遗产上所涌现出的能量。

2005年，第二十八届研讨会"不夺回吗？街区的繁荣"在美浓和纸的产地、重要传建地区岐阜县美浓市举办，全国约有1000人参加。我在会上见到妻笼的小林俊彦先生那充满活力的身影。2006年的研讨会则计划在福冈县的八女市召开。

就像《历史街区·聚落保存宪章》所讴歌的，"原真性的价值"（authenticity）正是街区保存的根源。

---

5. 环壕堡垒城市：环壕指为防御洪水、猛兽或敌对势力的侵袭，环绕城市或聚落周围挖出的壕沟；城塞城市指以城墙及堡垒等军事设施为中心而发展的城市。

社区治理国际草根论坛 IN NARA 暨第四届亚洲和西太平洋城市保护网络会议

图片来源：黑田睦子

妻笼宿，2015 年
作者：z tanuki
图片来源：Wikimedia Commons

歌川广重《妻笼木曾道六十九次》

图片来源：Wikimedia Commons

奈良町的历史与奈良地域社会研究会

奈良町的诞生可追溯到 1200 年前，是日本最古老的城市。8世纪，日本模仿中国长安建造了平城京[1]，并将东大寺、兴福寺、春日大社、元兴寺等神社和寺院迁建至外京区。

飞鸟时代建立的苏我氏飞鸟寺迁移至外京后成为元兴寺。现在元兴寺中的国宝——极乐坊的屋瓦中有一部分是天平时代（729—749 年）的文物。最初，元兴寺因金堂、讲堂、五重塔等并立，以及宏大的规模而夸耀于世，但因战乱而逐渐衰颓。

11 世纪到 12 世纪期间，元兴寺境内开始有人居住，形成门前乡[2]，称为元兴寺一带。在奈良町，像中院町、公纳堂町、高御门町等多处地名都源于元兴寺。战后，寺院境内荒烟蔓草，甚至传闻儿童一旦靠近便会遭妖怪绑架。

---

1. 平成京：日本奈良时代的都城，地处今奈良市西郊。和铜三年（710），元明天皇迁都于此。选择定都于此，是受到道教思想"藏风得水"的风水观念影响。平城京模仿唐朝都城长安和北魏都城洛阳。其规模东西约 6.3 公里，南北约 4.7 公里。中央有宽 85 米的朱雀大路，将市区分为左右两京。城内的一些古建筑在 1998 年作为"古奈良的历史遗迹"的重要组成部分，列为世界文化遗产。

2. 门前乡：在势力强大的寺院或神社周边形成的街区，若在神社周边则称为鸟居前町。在大量朝圣者聚集的神社寺院之前，因汇聚了与寺社相关的人及参拜者协作而成的工商业者，形成街区。

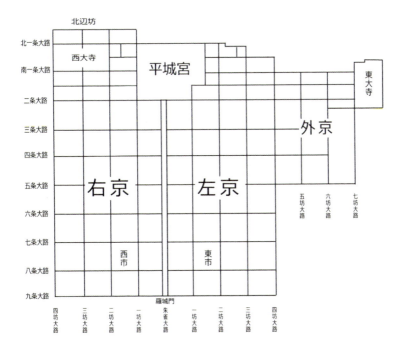

平城京街道图

作者：Wikiwikiyarou

图片来源：Wikimedia Commons

人们对奈良的印象是古代都市，但其实直到明治31年（1898）奈良市成立为止，奈良町中已凝缩了自古代一直传承到中世、近世、近代[1]的生活文化。

"奈良地域社会研究会"以奈良町的保存与再生为目标，并认为要描绘奈良的未来，就必须要挖掘奈良町的生活文化。

从江户末期到明治时期所建造的屋顶为人字形、入口在正立面低层的传统町屋，其檐高整齐一致地成排相连。奈良町存在着近邻之间相互顾及的居住环境秩序，这里拥有丰富的人性尺度的街区景观。

粗格子町屋的特征是其倒圆角的格子，据说是为了用来避鹿。

从平城京的条坊制留存下来的棋盘式街道，宽仅4米之狭，还有很多被称为"辻子"的迷宫般巷弄，甚至有的街区就叫"不审辻子町"[2]。

---

1. 古代、中世、近世、近代：日本历史的一种断代方式。古代一般指奈良（710—794）及平安时代（794—1185），大和朝廷时代（250—538，原始古代）也包含在内。中世一般从12世纪末镰仓幕府成立到17世纪初江户幕府确立为止。近世指的是封建制后期，相当于江户时代（1603—1868，也可包含安土桃山时代，即1569—1603）。近代指明治维新之后到太平洋战争结束（1868—1945）。（参考：https://logclip.com/c2603011237/）

2. 不审辻子町：原文为"不審ヶ辻子町"。"不审"含义为怀疑、疑惑、可疑、不清楚。不审辻子即为让人摸不着头脑的街巷。

元兴寺极乐坊本堂，2008 年

鸟山石燕《画图百鬼夜行》中的元兴寺，1776 年

图片来源：Wikimedia Commons

由于奈良有寺院和神社的文化背景，佛具工匠、修建宫殿的木匠和手艺人群体等都来此聚居，使奈良成为宗教城市。

同时，奈良晒[1]、墨、笔、鹿角工艺品、古乐面具[2]、赤肤烧[3]、一刀雕等传统工艺，以及酒、刀、蚊帐等产业也兴盛起来。茶道、狂言、能剧等大众文化开花结果，使奈良发展为商业城市。町屋内设置了茶室和能剧舞台等设施，15世纪时成为居民自治的街区。

到了江户中期，奈良与和堺[4]、京都开展经济交流，生活文化繁荣发展。

在元兴寺附近、有着朱红色鸟居的御灵神社被人称为"御灵爷"，是为光仁天皇的皇后"井上内亲王"和皇子"他部亲王"安魂所建。

奈良町处处可见佛堂、石佛和地藏王菩萨石像，还有赌博之神的道祖神。传说御灵神社和道祖神社的神明赌博过。有赌博之神的城市应该只有奈良町吧。

---

1. 奈良晒：产于奈良的漂白苎麻织品，出现于天正年间（1573—1593），成为武士与皇家的御用品。
2. 古乐面具：是对日本传统戏剧表演中使用的面具的总称，可分为伎乐面具、舞乐面具、行道面具、能面具、狂言面具、佛头面具。据推测，古乐面具这种造型艺术形式是在公元6世纪、日本的飞鸟奈良时代，从中国传入日本的。
3. 赤肤烧：以奈良赤肤町为中心的西京丘陵一带窑厂生产的陶器，绘图以御伽草子等庶民题材为主。
4. 堺：大阪府下的市。

这里有继承了中国道教思想的民间信仰"庚申堂",庚申讲、伊势讲、弁天讲[1]等至今也仍继续存在。町屋房檐下悬挂着庚申爷的消灾替身猴,这种独特的光景与奈良格子相搭后共同酝酿出一种风情。总有人为街景和町屋写生,奈良町可谓是"风景如画的街区"。

如今人们说到奈良町时,一般是指元兴寺附近,但其实奈良的老城区都属于奈良町。由于南边的元兴寺一带保留着传统街道的浓郁风貌,因此形成南部一带就是奈良町的印象。然而北部的东大寺转害门周边也在奈良町的范围之内。被称为"京街道"的奈良坡周边也有许多近代化遗产,比如中世的癫病疗养设施"北山十八间户"、明治建筑的奈良女子大学旧主楼、砖造的奈良少年刑务所等。

1998 年,社区治理的市民组织"奈良街道社区营造研究会"成立。该研究会有一个宏大的梦想,那就是在连结奈良与京都的奈良街道上,复活每年从京都为东大寺取水节运送竹子的"送竹仪式",并复原多闻山城。

奈良町的北部与南部如能一起推进社区治理,则奈良町便能提升为拥有更多的文化资产并具有魅力的地区。

今日仍有挂着红色毛毯的人力车在奈良町奔跑着呢。

---

1. 庚申讲、伊势讲、弁天讲之"讲":指为举行佛事、神事而结的社。

从京都为东大寺取水节运送竹子的"送竹仪式"

图片来源：奈良经济新闻，2020 年 2 月 14 日

奈良元林院町屋及其避鹿栅

图片来源：奈良市史料保存馆，"奈良町岁时记９月～元林院町的历史"

2020 年新冠疫情暴发，泉州古城社造团队将奈良社造中心所赠庚申猴转赠一直支
持社造的林濂平故居，悬于檐下祈求平安
作者：齐全

再现花街风情

  背对着兴福寺的五重塔走下 52 级石阶，通过伫立于猿泽池畔灯笼旁的石桥，便是通向南边的古代上街道[1]。在江户时代，这是一条初濑朝圣[2]和伊势参拜[3]的人们来往交织的道路。

  道路沿途开着客栈和尾花座[4]、中井座等戏馆，随着木辻和元林院等花街[5]的发展，酒家、蚊帐店、和服店等鳞次栉比，夜里的露天摊贩——夜店[6]亦十分热闹。

---

1. 上街道：江户时代建成的道路，连接名古屋和下文出现的中山道。
2. 初濑朝圣：奈良县初濑的长谷观音朝圣。（《日本国语大辞典》）
3. 伊势参拜：参拜伊势神宫。（デジタル大辞泉）
4. 尾花座：剧场的名称。日语中将演出传统戏剧的剧场称为"某某座"。
5. 花街：日本的花街诞生于江户时期。统治者为维护社会风纪和实行人口管理，在部分城市设置"游廊"区并将官方认可的游女屋（娼馆）集中于此，造就了最初的花街。花街的核心虽为娼馆，但是客人在消费之外，还带来饮酒作乐和宴会招待的需求。因此，花街中也出现了一批能够提供乐器和歌舞表演的游女，以及主营暖场演出、兼营私娼的艺伎。而后，随着幕府和新政府逐渐加大对娼妓的取缔力度，游女们或转为私娼或转行为艺伎。这时虽然仍有艺伎兼营私娼的情况，但是艺伎的地位不断地提高，她们自身也越发重视磨炼歌舞技艺，提升花道、书法、谈吐礼仪等文化修养。最终，艺伎取代游女成为花街的主角，而花街的内涵也从娼妓区变为艺伎区。花街在发展的过程中形成许多独特的文化传统和艺术形式。歌舞自不必多说，艺伎和游女们的服饰装扮、宴席的流程规矩、花街的景致和那里独有的节庆仪式等，都以其特殊的魅力与历史价值受到当代日本乃至世界的关注，是花街传承至今的非物质文化遗产。
6. 夜店，日语中也称为"夜见世"。最初指在传统祭祀节日期间，于夜间聚集贩卖商品、饮食的露天摊贩，江户时代中期开始在花街等闹市区形成固定的夜市。

在木辻町内营业的旅馆"静观庄"，改造自过去的游廊[1]建筑，如今仍残留着花街的风貌。静观庄因收费低廉，加上曾被海外的旅游指南介绍过，所以在外国游客当中颇有人气。木辻的格子中还保留着游女[2]和客人交际的"张见世格子"[3]，那是珍贵的遗构。

戏馆"尾花座"后来[4]成了电影院"尾花剧场"。我带孩子去那看《若草物语》[5]和《仔鹿物语》[6]时，还遇到老鼠从座位旁跑过，为电影院平添了一份怀古气息。不久后，那里便被改建成"奈良灿路都大饭店"。

元林院町据说因有兴福寺别院元林院而得名，从明治时期便是花街。将艺伎置屋[7]"万玉楼"的风貌活化于餐厅"Mangyoku"，还保有宽宝2年（1742）的上梁记牌。这是一片风情万种的街区，

---

1. 游廊：是江户时代政府认可的红灯区，以围墙、水沟包围集中于一区，便于管理。游廓成立于安土桃山时代，有游里、色町、倾城町等别称。
2. 游女：江户时代官方承认的花柳街的娼妓，也提供歌舞乐曲表演和陪侍不特定的男子过夜。（《ブリタニカ国际大百科事典小项目事典》，デジタル大辞泉）
3. 张见世格子：在游廓里，游女并排在临街店面里的格子里等待客人，客人从外面可以看到格子里的游女姿色做选择。客人和游女隔着格子说话，递上烟管给只问不买的客人。张见世营业时间通常是傍晚6点到夜间12点。开店期间，化妆和盛装的游女从楼上下来并排在格子后。（デジタル大辞泉，《世界大百科事典》第2版）
4. 大正9年（1920）由于电影业的兴起，在大阪市等地从事电影娱乐的中野家的前身，收购了尾花座，将尾花座作为永久性电影院。
5. 《若草物语》：日本1964年由森永健次郎执导，芦川泉主演的电影，改编自美国作家路易莎·梅·奥尔科特1868年发表的半自传体长篇小说《小妇人》。
6. 《仔鹿物语》：1991年在日本上映的电影。
7. 置屋：招募、培训、管理艺伎，并向餐厅或茶室派遣艺伎以盈利的设施、团体（百科事典マイペディア，デジタル大辞泉の解说）

走在其中你能听到不知从何处传来的三味线[1]的声音。而供人饮酒作乐的"明秀馆",那别出心裁的异空间[2]氛围,更是此地的骄傲。

今春,一位住在奈良市的建筑师改造了曾是艺伎食堂的古建物,开张了"元林院摄影艺廊"。据说他是想通过老照片,让更多的人感受花街的风情。那是一栋坐落在元林院町狭小巷子里的町屋。

最近,为了传承奈良町的花街文化,年轻的艺伎菊乃在网上开设主页,开始向人们介绍宴席的规矩和花柳流[3]典范的日本舞蹈等等。全盛时期的200位艺伎如今只余十来位,她们不忍元林院町越来越衰微,于是在2006年1月底,在时隔68年后,复活了春日大社"林檎庭"前的技艺供奉。

最近,我还知道了一件事。每年腊月的"春日若宫御祭"游行队伍中拉牵的"神木车",原来在大正15年至昭和13年(1926—1938),曾被元林院的艺伎们在春日大社参拜仪式"真榊奉纳行事"中使用过。

我在探访全国各地古街时,总会在曾是花街的一带流连徘徊,慨长思而怀古。

京都的岛原花街有一重要文化财:扬屋[4]建筑"角屋"。有段时间身为"角屋保存会"会员的我,特别着迷于太夫[5]的点茶和舞蹈,瞠目于"网代间"和"青贝间"[6]中飨宴所凝练的风流和极尽的奢华。

　　花街的悲哀史决不能忘，但若将它视为洋溢着异界风情的民俗资料，则趣味无穷。在我居住的大和郡山市，市政府买下了洞泉寺町里三层木造的前游廊建筑。为了使它能在其中充分发挥作用，我期望市政府能与市民协作，共同探讨其活用方法。

　　古老的立面上余香飘荡，游廊建筑的神秘与美丽是一种稀缺价值。

---

1. 三味线：日本的一种三弦拨弦乐器。（百科事典マイペディア）
2. 异空间：建筑领域概念，"异"是指异于日常空间的规范和秩序。
3. 花柳流：日本舞蹈的流派之一。嘉永2年（1849）由四世西川扇藏门下的西川芳次郎以花柳芳次郎之名创始之。
4. 扬屋：扬屋为太夫、格子等高级游女招呼客人作兴的店，中级以下游女的招揽店为茶屋，私娼站街的相类似店称为"呼屋"。（日本大百科全书（ニッポニカ））
5. 太夫：游女的最高级别名。太夫不仅要容貌美丽，还需在艺术、文学、游戏、茶道等广泛的范围都有高素质教养。（百科事典マイペディア）
6. 网代间、青贝间：角屋内部房间名称，相当于现今的包间。

葛饰应为《吉原格子先之图》，1860 年以前

图片来源：Wikimedia Commons

川原庆贺《艺者置屋图》，1860 年以前

1928 年春日大社中表演 "真榊奉纳舞" 的艺伎

图片来源：元林院写真馆·奈良县立图书情报馆今昔写真 WEB

致力于元林院花街文化传承的菊乃

图片来源：奈良元林院花街复兴计划 · 奈良县立图书情报馆今昔写真 WEB

复原河川——润泽街区的水岸

　　过去的奈良町曾经有鸣川、尾花谷川、飞鸟川、率川等众多河川，但从 20 世纪 50 年代开始，它们逐渐被改成暗渠下水道。鹊桥、志奈子桥、尾花桥、绘屋桥、率川桥、长幸桥等等，这些曾架设在河川之上、名字优美的小桥，如今都已成为历史。

　　元林院町的率川自古以来便在街区中流淌，《万叶集》中有诗咏曰："妹发梳花鬘，心中稚气多，率川流水急，音响发清波。"[1]

　　《奈良町风土记》（丰住书店，1981 年）中记有："迁都时建兴福寺、从飞鸟移来元兴寺、在寺院前造奈良町，这些都发生在这条河边"。率川便是街区的原风景。孩子们追逐萤火虫、抓鱼，据说在河滩上还能看到海龟产卵和小鹿出生的景象。

　　从前，率川上有座名称悦耳的石桥——绘屋桥，每次散步我都喜欢从桥上走过。率川成为暗渠时，绘屋桥也被拆除。虽然文化 2 年（1805）的桥头柱仍被保存，但能供人缅怀旧时的风情已不复存在。

　　元林院町是人称"春日绘所"竹坊的画师们居住的地方，这里曾被叫作绘屋町。

　　本中心成员中的元林院町研究者说："治承 4 年（1180），因平氏家族火攻南都奈良，兴福寺、东大寺等诸多寺庙被烧毁。为了复兴，南都奈良和京都的佛像匠师和画师们被悉数动员来从事佛画、佛像和神社社殿的着色等工作。在拥有强大权力的兴福寺的庇护下，诞生了被称为吐田座、胜南院座、芝座的画师行会组织'绘所座'。此种流派的佛像制作工坊，直到近世[2]都还存留在元林院町中，现今仍保留约50幅标有作家名字的作品。当画师们参与春日大社的工作时，则会自称'春日绘所'。"

1990年代，在治水的名义下，奈良町河川课启动了"菩提川（率川）清流复活大作战"。花费2亿日元巨资的结果是，率川那寥寥可数开渠处竟还被混凝土破坏，变成一条"虚有其表的河川"。只不过一点小雨就能让无法流动的树叶腐败并散发出恶臭。猿泽池畔的灯笼下仅剩细水流淌，但中洲上还有数尊前挂红布的佛像，总算是有点安慰。

重新复原作为奈良町原风景的率川是市民共同的愿望。水岸是街区的生命，街区的润泽。一旦成为暗渠，河川便会因失去自净能力而死亡。

有了阪神大地震时倒塌的房屋阻塞道路的经验，以河水灭火、以水路运输医疗队等的传统做法正在被重新审视。复活河流不仅对早期灭火有益，也有利于景观和儿童戏水。

最近，韩国首尔清溪川的复活备受媒体关注。首尔的城市化过程中，人们盖住河川并建造了高架道路。要使已成为暗渠且具

---

1. 佚名，《万叶集》，杨烈 译，湖南人民出版社，1994年，245页。
2. 近世：时代划分，于西洋史指文艺复兴至市民革命、产业革命。于日本史指安土桃山、江户时代。于中国史指明末到辛亥革命。（デジタル大辞泉）

于兴福寺五重塔之最高层眺望率川的风景

图片来源：福川美佐男·奈良县立图书情报馆今昔写真 WEB

1932 年艺伎与绘屋桥的合影

图片来源：元林院写真馆·奈良县立图书情报馆今昔写真 WEB

率川暗渠化

图片来源：奈良町行走风景纪实

中洲上的率川地藏尊石佛群

图片来源：奈良观光情报汇总

有历史的河川复活，便需要城市从汽车优先回归到行人优先，恢复街区的润泽。为此，韩国花费了两年时间和 400 亿日元，成就了拆除 6 公里高速道路的壮举。韩国可以实现的，我想日本不可能做不到。

2005 年末，由于首相提到"要拓宽江户日本桥的天空"，于是"为日本桥及河川找回天空之会"开始活动。与首尔的清溪川一样，这里也被首都高速道路遮盖[1]。虽说设想很棒，但是这个将耗资数千亿日元的大工程真的会实现吗？

我毫不动摇地坚信，地区再生的关键词是"水岸的再生"。

---

1. 日本的河道暗渠化：从 19 世纪末到 20 世纪末，日本城市地区的许多河道被封盖为暗渠，其背后的主要目的为"排污"。当时下水道的铺设追不上城市开发和人口增加的速度，河流纷纷因生活与工业废水的直接排放变为散发着恶臭的污水沟。对此，不堪其扰的居民开始要求政府实施暗渠化工程，而政府为了城市的体面和空间的有效利用也积极响应民意，使许多河流成为如今供人通行的道路。以东京为例。这座城市直到明治时期都被人称为"水都"，城中遍布着四通八达的水路交通网。而战后的瓦砾清理、经济高速成长期的污水整治和奥运前的市容整理，使东京迅速变成一座高楼林立、道路发达的"陆上城市"。与"水都"有关的景观和生活文化随着河道一同被掩埋，例如现在许多人应该想不到流行文化重镇——涩谷的地下其实流淌着一条涩谷川。

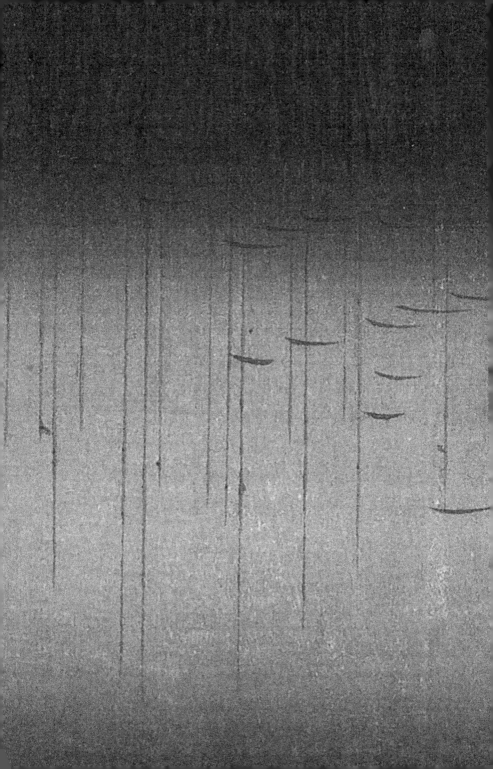

第 2 章

自己的街区由自己创造

—— 奈良社区
营造中心的 26 年

图片来源：奈良町物语馆

发掘街区的记忆

再生奈良町的活动始于发掘风蚀衰败的街区的记忆。

在举办"奈良町讲座""奈良町研讨会""奈良町节庆"等活动上，我们投入了大量的精力使之持续，尝试以此启发居民和说服政府，但周遭的反应却始终冷淡。主办方意气轩昂、参加者无人到场的状态一直持续。

为了举办奈良町节庆，本中心向居民借用并展示了在各家仓库中沉睡的"宝藏"，而这里丰富的历史资源则令我们大吃一惊。想必居民们也对这些初次看见的街区宝藏感到惊讶。

媒体报道的势头随着本中心活动的扩大而不断增加，我们身为社造团体的存在感也逐渐增强，但是能一起流汗的伙伴仍然接近于零。

不过，我们有一份"和喜欢的人一起用喜欢的方式做喜欢的事情，自己的街区由自己创造"的强烈信念，以及"不急于形成共识，以成果的积累达成认同"、长期相互包容的态度。

同伴们对奈良町未来的热烈谈论，形成"重生吧，奈良町"和"奈良町社造宣言"等成果，这种将不安转化为能量的精神不可能不鼓舞到那些易陷入负面思考的伙伴。

不依赖政府的市民，他们的自发性和自主性让我们不惧怕接踵而来的挑战，发挥各种手段将居民与政府"卷"进来的决心坚定不移。

与此同时，将奈良町东西向分割的城市规划道路"高畑·杉町线"有了进展。伴随着"汽车优先社会"[1]的到来和老城区再开发中的土地收购的推进，老町屋被一一拆除，最终导致街区被破坏的危机感高涨。

1981年，本中心受到丰田财团的资助，以"关于历史街区中城市规划道路的对策和以居民为主推进街区协定的研究"为课题，调查研究居住区中城市规划道路的应有状态。通过研究，我们提出城市规划道路在原则上必须考虑减缓车速、限制公共交通以外的大型车辆、设置可供行人舒适行走的人行道宽度、以人为本的优美道路景观的重要性。

本中心的研究并不是针对城市规划道路的反对运动，而是为了让市民能够发出不同的声音。同时，我们也希望能够推动居民协定的缔结，并将与历史街区风貌的协调纳入新建建筑的形态和设计之中。因此，我们走访调查了预计要重建的住宅，并且制作和展示了重视舒适度和周边环境的设计模型，可惜居民的反应并不热烈。

"为了沿道街区景观，降低建筑物的高度、保护坡屋顶和传统町屋的主立面"等，我们将倾注了心血的调查成果递交给政府，结果这一行为在他们眼中仅被视为道路反对运动。不过，这次调查研究锻炼了组织，为日后的政策提案培养了能力。

后来，奈良多次因景观问题引发社会的抨击。

1987 年，奈良市放宽了对建筑高度的限制，将限高从 31 米改为 40 米。政府的理由是，偏重景观保护将会削弱经济活力。甚至还听到："搞文化没饭吃"的声音。

很快，以佛教协会、律师协会、文化人士和学者等为核心的"古都·奈良景观保全思考会"便组织起来，持续开展反对签名运动和研讨会等活动。

1988 年，奈良市举办了"奈良丝路博览会"，以奈良公园为主会场召开。因担心展馆建设时移植的草坪会破坏生态系统，市民对政府提出了异议。

为了招揽"SOGO 百货"，奈良市还解除了对曾出土过众多木简的古代长屋王宅邸遗迹的风貌地区指定，并宣称此举将创造更多的就业岗位。

10 年后，"SOGO 百货"撤出奈良，另一家大型超市进驻，SOGO 美术馆[2]改由奈良市进行运营。

1.汽车优先的社会：汽车的发展与普及提高了人们出行和运输的效率，也带来交通秩序混乱、拥堵、停车难等等问题。而随着汽车普及率的不断增高，交通出行、道路规划、道路管理等领域的资源更是逐渐从优先解决行人的需求，倾斜向优先解决汽车的需求和相关问题。这样的做法往往伴随着牺牲行人权利和对城市传统空间的破坏。

2.SOGO 美术馆：由 SOGO 百货公司在其部分百货大楼内开设，并由旗下"财团法人 SOGO 美术馆"运营的美术馆。奈良的 SOGO 美术馆于 1982 年 10 月 2 日与奈良 SOGO 百货同期开馆，于 2000 年 12 月 24 日闭馆。

奈良社区营造中心的活动
——地区经营需要智慧和用心

奈良地域社会研究会作为非正式团体，计划以 1979—1984 年 5 年间的活动为基础成为公益法人，从而提高社会对其身为政府与居民之间的中间组织的认知。当时只有社团法人和财团法人的制度[1]，研究会向主管机关奈良县政府提出申请，于 1984 年在全国社区治理的市民团体中第一个取得法人资格。之后研究会改名为社团法人"奈良社区营造中心"，在老城区奈良町开展活动的同时，也将奈良县全域视作未来的活动目标范围。所谓"社区治理"，就是相比硬件的充实，更加注重生活的品质，即软件方面的活动。

社区治理需要具备能解决地区问题或课题的预见性和有效利用地区资源的经营能力，归根到底，要贯彻对地区文化资产的坚守，去思考 50 年后、100 年后地区活化需要怎样的战略，这是对想象力和创造力的考验。

本中心为建立财政基础而采取会员制，会员由个人会员和以本地企业为对象的团体会员所构成。个人会员共有 149 人，其中不仅有奈良县民，还有全国范围内十几岁到八十几岁的男女老少，涵盖公务员、大学教师、大众媒体从业人员、建筑师、城市规划师、公司职员、家庭主妇、学生等身份职业。赞助会员中的本地企业受经济不景气的影响陆续减少，现有 8 家会员。

通讯季刊《地域创造》[2]是意见观点型杂志；月刊《町屋君通讯》则是社区治理信息杂志，目标为促进民众参与市民主导的社区治理活动。

运营一个组织如果只靠梦想和情怀便会遭受挫折。本中心的活动资金仅依靠会费收入是不够的，仍需要为"人、财、物"挥洒汗水、运用智慧。原则上，我们不指望政府的补助金，以自立自助的饥饿精神进行活动，必须自己想办法获取资金。

本中心以在调查"高畑－杉町线"中培养的政策提案能力为武器，将"磨练能与政府展开理性对话的智库功能"视为共同的信条。我们针对地区课题制作企划书投向政府的窗口，虽然被政府以戒备的眼光看待，仍然坚持以对等的关系促使其编定预算。

调查研究能为社区治理组织积累成果，提供资金来源，开拓地区经营的道路。幸而本中心拥有众多人才，可以发挥专家团队的业务能力以因应之。

1.社团法人和财团法人制度：社团法人和财团法人是日本历史最久的一类非营利法人，统称公益法人。其最初的制度依据是1896年日本民法第34条。"社团法人"是指以一定目的结合起来的人的集体，有作为团体的组织、目的等，是与组织成员个人相区别的社会存在，以团体的名义进行活动。"财团法人"是指以一定的目的出资、以聚集的财产为公益目的进行管理运营的团体。"公益事业"是指积极地以实现非特定多数人的利益为目的的事业。"非营利"是指在会员、捐献者等公益法人相关人员内部不以分配利益为主要目的的事业。社团法人与财团法人在成立时需要获得相关部门的许可。由于主管部门在批准设立和对其指导与监督上，可以行使较大的权限，因此民间活动的自由受到限制，公益被国家垄断，甚至一些互益性组织也混迹其中。针对以上弊端，日本政府在2006—2008年先后颁布3部新法对公益法人制度进行改革。改革后社团法人与财团法人被进一步分成一般社团和财团法人与公益社团/财团法人。前者可以公益、共益、私益为活动目的，且只需登记便可成立。后者需以公益为活动目的，通过认证方可成立。（引自：石晨《论日本NPO的运营机制》，北京对外贸易大学硕士论文，2007年）
2.《地域创造》：现已停刊。

参与奈良社区营造中心活动的男女老幼

图片来源：黑田睦子

本中心在 1984 年进行了"有效利用历史与文化的新商业区建设调查"，1986 年则制作了"奈良市地区住宅计划·HOPE 计划"。

1991—1992 年，我们在民间财团的赞助下，开展"木的生活文化再生系统构筑运动"。传统町屋是一种适合日照、通风、采光等本地气候风土的住宅原型，为思考其保护修复系统而开展了调查。

1993—1994 年，本中心受托于 NIRA（综合开发研究机构），进行"关于市民公益活动基础建设的调查研究"，成为促进明治以来的官方主导社会转向市民社会的变革、使 NPO（非营利组织）成为中坚力量的《特定非营利活动促进法》制度的先驱。1995 年因阪神大地震而被誉为志愿者元年，当时市民的社会贡献加速了1998 年 NPO 法[1] 的出台。

1.NPO 法：日本 NPO 法人正式名称为"特定非营利活动法人"，其设立与活动的法律依据为 1998 年由日本民间人士起草后获得两院通过颁布的《特定非营利活动促进法》，简称 NPO 法。根据该法，特定非营利活动是排除了政治性和宗教性活动，以增进不特定多数人的利益为目的的非营利活动，并且有定期公开信息的义务。但法律并不禁止 NPO 法人进行收益性活动，但是所得收益要全部用于团体的主要目的。设立上，只要符合设立条件进行认证登记便可。同时其成立条件十分宽泛，包括以下 17 项活动领域：①保健、医疗、福利；②社会教育；③推进城市建设的活动；④学术、文化、艺术、体育的振兴；⑤保护环境；⑥灾害救援；⑦地区安全；⑧维护人权或推进和平的活动；⑨国际救援；⑩促进形成男女共同参与社会活动；⑪培养儿童健康成长的活动；⑫发展社会信息活动；⑬振兴科学技术；⑭推动经济发展；⑮开发职业能力或扩充就业机会；⑯保护消费者权益；⑰联系、咨询或援助。由于成立条件宽泛，多数 NPO 法人比公益法人规模小。据日本经济产业省调查，NPO 法人专职工作人员在日本属于收入较低的群体。但成为 NPO 法人对 NPO 活动的开展确实具有积极作用，如提高社会信誉、以法人作为合同主体、以法人名义开户等等。（引自：石晨《论日本 NPO 的运营机制》，北京对外贸易大学出版社，2007 年，677 页）

1994 年，在原建设省的赞助下，本中心探索研究奈良町 100 年后的存在状态，向"奈良町百年计划"竞赛提出建议。1996—1997 年，受奈良市政府的委托，我们完成了以"创造充分利用历史环境与町屋的项目"为目标的"奈良市新产业创造研究调查"。2001—2002 年，受托于高取町、大宇陀市、大和郡山市进行街区环境整备调查。

2004—2005 年期间，我们与橿原市合作展开"橿原市地区福祉推进事业"，目标是促成 16 个小学学区启动地区福祉住民会议，努力传播增进地域福祉的理念，并致力于居民意识的培养。

最近，由于政府的财政紧缩，委托事业逐渐收缩，因此我们加强了对民间赞助的争取。

2004 年，本中心取得三得利财团的研究赞助，启动了"奈良町的音风景项目"。这是一个志在侧耳倾听地区的声音、创造更丰富的音声环境的尝试。

2004 年，通过（财团法人）住宅与社区财团的赞助，我们推进了"奈良町的安全、安心、舒适的居住与社区治理提案"，在地区防灾及犯罪预防对策上，与元兴寺、重要传建地区"今井町"、奈良大学、市消防局、社会福祉协议会、关西电力、近铁电网和自治会[1] 探讨了各自的角色与任务。

2005 年，在丰田财团的赞助下，本中心举办了 25 周年纪念活动——"繁华·奈良町 25"。

1. 自治会：又称"町内会""町会""地区振兴会"，现通常指以村落或城市中的一定区域为单位，由居民自发形成的非正式组织、非正式地缘团体，也有部分组织法人化。自治会在日本最早出现于大正·昭和时期，由行政自上而下进行组织和普及。战后日本一度解散了所有自治会，之后便出现了居民自发组织的自治会。现在的自治会并不强制居民，加入、退出自由，主要参与地区内的互助和社会福利活动、治安和环境卫生维护活动和传统节庆活动的组织运营等。

再次发现街区的宝藏

在奈良县，各地的民间社造团体正在通过对历史文化遗产的活用推进当地社区治理。它们有属于商业町[1]的五条市，有属于城下町[2]的高取町、大宇陀市、大和郡山市，还有寺内町[3]的今井町、门前町[4]的奈良町和修验町[5]的吉野町。

1988 年，在本中心的呼吁下，以上 7 个地区共同组成共享信息、共创项目的"大和社区治理网络"。之后，我们以"再次发现我的街区"为主题，于各个地区巡回开办了"街区探访和社区治理研讨会"。

---

1. 商业町：日本传统上及历史上对因商业而发展的街区的称呼。
2. 城下町：在封建时代，因士族或领主城堡的存在而发展起来的街区。
3. 寺内町：因寺庙的存在而发展起来的街区。
4. 门前町：因神社的存在而发展起来的街区。
5. 修验町：因日本古来的山岳佛教信仰宗派"修验道"而发展起来的街区。

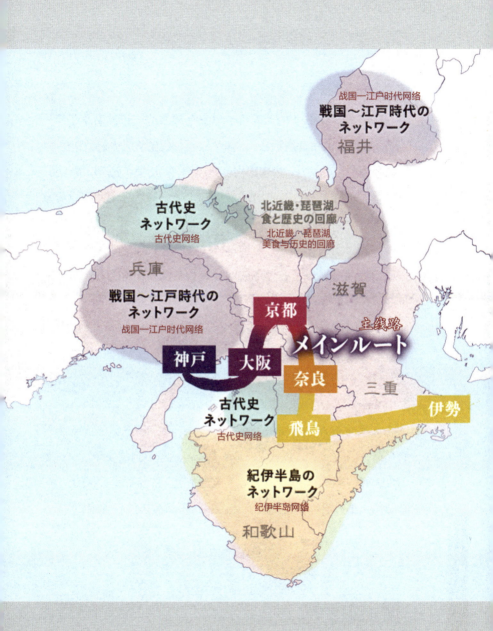

战国—江户时代网络
**戦国〜江戸時代の
ネットワーク**
福井

**古代史
ネットワーク**
古代史网络

**北近畿・琵琶湖
食と歴史の回廊**
北近畿・琵琶湖
美食与历史的回廊

兵庫

滋賀

**戦国〜江戸時代の
ネットワーク**
战国—江户时代网络

京都

主线路

メインルート

神戸　**大阪**

奈良

三重

伊勢

**古代史
ネットワーク**
古代史网络

飛鳥

**紀伊半島の
ネットワーク**
纪伊半岛网络

和歌山

代表日本传统文化的历史街道
图片来源：历史街道推进协议会

1986 年，近畿[1]的产、官、学三个领域的政策提案小组组织了"展望世界的京都座谈会"。该会议所提倡的"历史街道构想"，受到媒体的广泛关注。构想的内容是以一条"历史街道"串联伊势、明日香、斑鸠、奈良、宇治、京都、大阪、神户，以此向世界宣传日本文化，可以说是德国"浪漫街道"的日本版。彼时，由政界和财界组织的"历史街道推进协议会"于大阪设置了事务局，并在近畿圈内展开了各种各样的公关和活动，而他们在奈良町则举办了集印章活动。

以历史街道构想为基础，本中心借助"大和社区治理网络"，策划绕奈良盆地一周的"历史回廊接力"活动。活动主题设为"再次发现我们的街区展"和"街区是座历史休验馆"，在各个地区也精心准备了音乐会和讲座，等等。

在活动过程中，虽然当地的"土人"[2]没能意识到自己街区的宝藏，但外来的"风人"[3]却带来令人意想不到的发现。这成为一个绝好的契机，让认为街区没有丝毫特点、自己早就看腻的土人，借助风人那充满新鲜感的目光，再次认识街区里的各种宝藏。

1. 近畿：一般指涵盖京都府、大阪府、滋贺县、兵库县、奈良县、和歌山县和三重县等二府五县构成的地理区域，因其位于日本本州中西部，故又称关西。
2. 土人：土著，在一片土地上出生、成长并生活至今的人。
3. 风人：外来者、从外地移居而来的人。
4. 大和：文中指"古代大和国（倭）"，即奈良盆地。

最后，本中心还举办"历史街道研讨会——大和[4] 能成为国人的宜居之地吗"，作为整个接力活动的压轴。通过这场研讨会，我们成功促使居民们重新审视自己居住的这片坐拥众多宝藏的街区，并成为推进不依赖政府的市民自主治理的契机。

产生经济效益的文化资产

像奈良町这样的历史街区之所以还维持着秩序井然的传统街景，是因为町屋在建造上有着样式规则及秩序。但这样的规矩也正在逐渐崩坏，奈良町的原风景即将消失。我很担心，如果人们不下决心保全历经数代人生活的历史环境，奈良町将会就此消失。

1989年，本中心向奈良市政府提案"奈良町博物馆都市构想"，并受到调查研究的委托。该提案拟将奈良町空置的房屋和仓库活化成美术馆、展示馆、资料馆之类职住一体的美术馆（Living-Museum）[1]。

早前，奈良市便决定于1998年举办建市一百周年纪念活动"世界建筑博览会"，并以建筑师黑川纪章作为总制作人负责推进。

博览会计划开发 JR 奈良站周边作为第一会场，以谋求都市功能的更新，同时将历史街区奈良町设为第二会场。本中心的"奈良博物馆都市构想"，实在是很及时的提案。

---

1. 职住一体的美术馆："职住一体"即职场和住所是同一场所。例如，青森国际艺术中心不仅作为艺术展览场所，也为艺术家提供各种类型的创作室及住宿设施，使艺术家在美术馆边上短期居住创作。此外，艺术家自己的工作室部分作为展览，也叫职住一体。

1989 年，对于这项"奈良町博物馆都市构想"，奈良市政府表示同意，本中心又受托对"奈良町繁荣构想策划"进行调查研究。奈良市于 1990 年颁布《奈良町都市景观条例》，1994 年以包含 1500 栋建筑物共 45 个町的 47.1 公顷市区为对象，指定"奈良町都市景观形成地区"。该制度为与景观相协调的町屋的立面修理和修景设置了补助金。

截至2004 年，町屋的修理和修景达168件，共补助5.4 亿日元。市政府对奈良町进行了积极的行政投资。

当初，奈良市曾探讨是将奈良町指定为传统建筑物保存地区，还是景观形成地区，并且举办了几次说明会。但是，由于一部分地区以法规实施后将无法自由重建为理由表示了强烈的反对，因此市政府不得不放弃指定传建地区。

长久以来，居民虽然对居住在老旧的街区和房子里感到不满，但随着老旧住宅改造案例的增加让街区逐渐变美，居民又开始重新认识到街区的美好。

怀旧、沉静、祥和、有治愈感、想住在这样的街区，来访者如此评价奈良町。居民的幸福度也渐渐提升，从"不想住在这里"变成了"能住在这里真好"。这是因为居住环境被优先整顿，使居民的满足感与观光旅游直接相连。

一有空置的土地，奈良市政府便会买来建造小规模的公共设施。因为若置之不理，空地就会变成公寓或停车场，景观便会被破坏。官方一共设置了9所公共设施，"奈良市摄影美术馆""Nara

官方购买闲置土地兴建的小型公共设施之奈良市音声馆

图片来源：奈良市音声馆

民间设施之今西家书院
作者：663highland
图片来源：Wikimedia Commons

奈良馆""奈良市奈良町格子之家""奈良市音声馆""奈良市史料保存馆""奈良市工艺馆"和"奈良市书法美术馆",等等。

"大乘院庭园文化馆"坐落于曾是国家名胜的旧大乘院。在旧大乘院中的中世庭园和乐者长屋土墙维修完工后,(财团法人)日本国家信托会将其作为遗产中心进行建设,奈良市政府负责运营。

1992年,由奈良市政府出资的财团法人"奈良市奈良町振兴馆",负责软性社区治理的推进、官方设施的管理运营和音声馆的童谣振兴等项目,其事务所便设在一座大正时期的町屋之内。

民间设施则开设有"奈良町物语馆""奈良町资料馆""时光资料馆""马醉木之乡""僧伽侔座""今西家书院"(重要文化财)、"奈良女子大学研讨室",以及曾由已故歌手河岛英五经营的吃茶店"TEN·TEN·CAFE"等等。官民一体的观光景点一个接一个地诞生了。

居民将自家町屋改造成餐厅、吃茶店、画廊,各种各样的商店促进了街区的繁荣。无论是哪家店首先追求的都不是经济利益,而是自我实现或者梦想的达成,形成一种聚会沙龙的氛围。基于市民与政府间伙伴关系的社区治理,使奈良町恢复了往日的繁华。

旅游导览和旅行杂志用彩页刊载奈良町的特辑报道,NHK和民间电视台等媒体也为取材而频繁来访。在奈良町,店铺增加、来访者增多,证明了文化资产能产生经济效益和促进地区的活化。

为了学习会津八一[1]、志贺直哉[2]等文人所喜爱的旅馆旧址

"日吉馆"的精神本质，促进闲置町屋的活用，成立了"奈良的街道即是研讨室"研究会。

允许民间组织管理运营地方政府公共设施的《指定管理者制度》[3]自2003年起开始实施，于是本中心便担起奈良町的公共设施"奈良市奈良町格子之家"的管理运营。由于本中心在奈良町物语馆上积攒了多年的经验，因此政府希望借助我们的手法来广泛地开展公共服务。这令我感受到从"官时代"向"民时代"的转变。

1. 会津八一（1881-1956）：日本诗人、书法家和历史学家。出生于新泻县新泻市，东京早稻田大学名誉教授，研究日本飞鸟时代与奈良时代的佛教艺术。1926年在早稻田大学设美术史博物馆，并收藏大量艺术品。

2. 志贺直哉（1883-1971）：日本作家，"白桦派"代表作家。出生于宫城县石卷市，著有《和解》《在城崎》等，被誉为日本的"小说之神"。

3.《指定管理者制度》：是2003年小泉内阁推行"公营组织民营化"并修改《地方自治法》设立的制度。制度允许各地方公共团体（自治体）根据法定标准和流程，指定民间企业或组织作为其下部分公共设施场馆、上下水设施、公园、道路等公共财产的管理者。该制度旨在借助市场规律和民间经验提高公共服务品质，削减公共财产的管理运营经费。但在实际运行过程当中，却存在着不少问题，尤其是对指定管理者的监督和评估上。

传统町屋的活化再生
——据点"奈良町物语馆"

本中心自成立以来，作为非正式团体活动了 5 年，在法人化之后又活动了 10 年，期间不是在狸猫出没的旧町屋办公，就是租借其他团体的一间简易临时房工作，心中一直渴望着拥有属于自己的活动据点。

1994 年，一个租用会员家中空屋作为据点的计划浮出水面。空屋所在的"中新屋町"是在元兴寺中院遗址上形成的街区。街区内有着森川杜园[1]的故居，这是一位在幕府末期时以一刀雕闻名，同时作为狂言师活跃于世的人物。在故居的后院，还保留着一座能剧舞台。位于世界遗产的缓冲地带和景观形成地区之内，又立于元兴寺金堂遗迹之上，直面上街道，这可是让人想都不敢想的好区位。

这栋空屋是一座传统町屋，宅基地开间窄、进深长，俗称"鳗鱼睡铺"。从门口走入町屋，可以陆续看到奈良格子、可折叠的门口坐凳、防火山墙、虫笼窗[2]、箱式楼梯[3]、带天井的土间[4]和通庭[5]，还有水井与坪庭[6]。屋内的设计是有着"店之间""中之间"和"奥之间"的三间取[7]格局，二楼是阁楼储藏间，处处都体现着先人的生活智慧。

由于建筑已经老旧且破损严重，预估的修缮费用需要 3000万日元左右。

我们是一个每天都要头疼经费收支的组织，因此许多人考虑的都是："怎么可能凑得出修缮费和运营费呢？还是不要鲁莽行事了。"但是，最后还是"主动创新总有风险，先动手再说吧"，这样一种意见占据了上风。

我们有过将西新屋町的旧米仓再生为展示波斯文玩的"奈良东方馆"的经验，还学习过槟城遗产信托会将传统骑楼改造为活动据点的案例。以这些经验和案例为参考，我们有了迈步出发的信心。

从 1993 年到 1994 年的两年间，有位青年职员被爱知县濑户市派遣到本中心。由于当时的濑户市长认为"未来由政府主导的社区治理必定会失败，要学习如何让居民来主导"，因此濑户市向汤布院和世田谷等地的民间社区治理团体派出职员。当然，被派遣职员的工资由濑户市支付。而在那段又要管理据点的修缮，又要筹备 1995 年"社区治理草根国际会议 IN NARA"的忙碌日子里，这位二十几岁既活跃又机敏的派遣职员也确实不负众望。

1. 森川杜园（1820-1894）：幼名友吉、扶疏，号杜园。幕府末期到明治时代雕刻家。师从内藤其渊学习绘画，冈野保伯学习刀法，制作奈良偶人。其传世名品很多，有献给明治天皇的舞乐纳苏利置物、法隆寺九面观音模像等杰作。

2. 虫笼窗：一种窗户样式，窗栏细且间隔密集，如同虫笼。

3. 箱式楼梯：用木箱层层堆出的阶梯，通常会将侧面等处做成抽屉，利用梯下空间收纳。

4. 土间：在日本传统民居中裸露地面的房间，或地面铺了三合土的房间。

5. 通庭：在细长的日本传统民居中，从入口一直通向后的通道，为整栋房屋通风和采光。常见于京都町家。

6. 坪庭：小型的和式庭院，常见于京都町家。

7. 间取：指建筑内部的空间或房间的布局，即户型。

奈良町物语馆组织的町屋改造考察学习会
图片来源：奈良社区营造中心

奈良町物语馆内的作品分享会

图片来源：藤野正文·奈良社区营造中心

为了修缮这栋日后成为奈良町物语馆的旧町屋，我们向前建设省申请传统木造住宅展示项目的补助金 700 万日元，又从奈良市争取到景观形成地区的相关物业修缮经费 700 万日元，还向本中心赞助团体中的几十家企业筹得 2200 万日元，加上个人捐献的 400 万日元，我们奇迹般地筹到 4000 万日元。

来自财经界、学界、文化界等领域的 44 位各界人士联名担任带头人，成立基金会，并向各企业发出合作邀请。同时，我们还面向个人寄出名为"瓦捐"、定额 3000 日元的募款明信片。这是对东大寺昭和大修理[1]中瓦捐的模仿。

来自企业的捐款最多，这是出乎我们意料的。早在数年前，我们便开始以赞助会员为对象，开办题为"Corporate Citizenship——奉献社会的企业市民"的慈善研讨会。在研讨会中，邀请获得过企业文化赞助大奖的企业，作为讲师来跟大家一起交流。或许，企业也在摸索当地生存策略和身为企业市民的地区贡献方式，这使得他们将资助奈良町物语馆的建设视为社会贡献的一环，对我们进行积极的援助。

我们全员一致同意将据点命名为"奈良町物语馆"。在 1991 年 6 月，本中心出版了"新书版"[2]规格的奈良町导览书《奈良町物语》，让访客可以在奈良町串起一段段的故事。这本《奈良町物语》是本中心自己编辑的，插图则由专业设计师出身的会员实力出手负责创作，"新书版"的尺寸规格也受到好评。在众多销售网点的帮忙下，该书多次再版，畅销一时。因为有着这样的前因后果，所以大家都同意使用"奈良町物语"来做据点名称。

本中心设立了奈良町物语馆建设委员会，负责推进设计和施工管理等各项工作。在修缮过程中，我们在顶梁柱的柱石下发现了一块大大的基石，在内院中也发现了一块。经辨明，这两块由俗称"Kananbo 石"的三笠山安山岩制成的基石[3]，正是元兴寺金堂的基石。后来，身为本中心会员的元兴寺住持辻村先生，还挥毫为"奈良町物语馆"题写了门牌。

奈良町物语馆是本中心一直以来推广的哲学和思想的具象化、社会化呈现，是故事的诉说者、事物的制造者与使用者、思考者与实践者们的研讨室。

过去，大家都认为我们是一群专做调查研究的专家团体，是一个难懂且入会门槛很高的组织。而通过奈良町物语馆对本中心活动的具体展示，人们终于理解了我们的活动理念。

1995 年 4 月，"奈良町物语馆"正式开馆。传统町屋的活化再生案例、民设民营的活动据点、木的生活文化展示馆、社区治理信息中心、终身教育的场馆、相遇与交流的沙龙、街区的艺术家们展示作品的场所、自治会的集会所等等，奈良町物语馆承担着丰富多彩的功能。

1.东大寺昭和大修理：指从昭和 49 年（1974）至昭和 55 年，历时 6 年完成的奈良东大寺大佛殿修缮工程。当时为大殿 7900 平方米的屋顶重新铺设了约 13 万片瓦。
2.新书版：日本流行的一种小型的书籍尺寸规格 173 毫米 x105 毫米。
3.基石：建筑物基础上支撑柱子等的石头。

奈良町物语馆室内音乐会
图片来源：藤野正文·奈良社区营造中心

盂兰盆节的奈良町物语馆鸡尾酒会，2018 年

作者：刘昭吟

每年一到盂兰盆节，人们都会在奈良公园一带举办"灯花会"。在这个烛光摇曳的夜晚，奈良町物语馆会在自治会的主持下变身"鸡尾酒吧"。人们可以在其中享受现场爵士乐和鸡尾酒，和众多游人一起喧闹玩乐。

运营自有据点意味着需要雇用专职工作人员。而兼职工作人员的人工费、房租、电气费、电话费等，这些管理运营费用就已经超过了 1000 万日元。光靠会费收入远远不够支撑，我们还需要通过项目收入来筹措活动资金。

最近，由于政府财政紧缩，委托项目没有了。活动资金全部来自奈良町物语馆的场地租赁费用，还有接待从全国各地而来的研修人员等项目的收入，再加上我们向丰田财团、国际交流基金和三得利财团等申请的民间资助。

本中心的 20 名理事以志愿者的形式分担工作，所获得的回报是"有意义的生活、乐趣、另一个人生"。我们的会员当中，有很多是入会已有 10 年、20 年的老会员，活动内容的选择也很丰富。

奈良町物语馆和指定管理者项目"奈良市奈良町格子之家"的运营、面向儿童的图书交流活动和奈良町探险队的"学习型社区构想"、学生会员们的"乐生座"、与亚洲各国的交流、室内音乐会、奈良町物语馆沙龙、安心·安全·舒适的居住营造研究会、旧 JR 奈良车站活用研究会、先进地区考察学习会、音风景项目、研修和讲座、自治会的庚申讲等等，大家在自己喜欢并擅长的领域中活动。而这些都是由我们自负盈亏的自主项目。

原则上，奈良町物语馆除了在 8 月和年末休馆以外，其余时间都会开馆，所以节假日和周末则由理事轮流值班。场馆每天的开放时间比公民馆更长，来访者还可以自由地在馆内饮食。因此，作为复原人性、唤醒交流的场所，奈良町物语馆受到大家的欢迎。

奈良町的居住与福祉

国际视角下的社区治理

　　日本的市民运动还很脆弱，我们有很多地方要向外国学习。1990 年，本中心邀请英国市民信托组织（Civic Trust）来日本举办日英国际论坛。当时，该机构与当地政府、企业、市民构建了伙伴关系，并共同创造都市环境。其后我们赴英考察，学习成熟的志愿者精神和了解市民参与社会活动的觉悟。

　　近年，亚洲也由于经济成长引发的再开发推动了城市化进程，一个个历史环境正在消失。但我们得知各地民间已开始行动，去保全那些有关民族记忆和殖民地时代的街景和町屋。这是一场决定要守卫哪一种民族认同的战斗，它需要消耗庞大的精力。

　　我们互相学习"如何在城市规划中确立市民参与的机制""活动所需的资金筹措""如何扩大第三部门的社会认知"等共通性课题。

　　1991 年，在笹川和平财团的赞助下，集结印度尼西亚、新加坡、泰国、越南、澳大利亚与台湾等 15 个国家及地区的 NPO、NGO 成立"亚洲和西太平洋城市保护网络"[1]。奈良町作为亚洲城市的一员，也应以超越国界和民族的社区治理视角进行民间交流，所以我们访问了马来西亚的民间组织"槟城遗产信托会"。

　　将本中心的活动范围从奈良町扩大到海外社区治理，理事会中对此存在着强烈的反对意见。但是，在地球公民时代，各地社区治理在国际视角下的携手相连和交流，可以促进民族间的理解、友好乃至和平，这样的意见得到大家的认同。

　　每年，社区治理草根国际会议由各个国家与地区轮流做东召开，在马来西亚的槟城、澳大利亚的阿德莱德、越南的河内、日本的奈良市、印度尼西亚的日惹、中国的台北等，已举办过 6 次会议。

---

1. 亚洲和西太平洋城市保护网络（Asia and West Pacific Network for Urban Conservation，AWPNUC）：1991 年在槟城召开的"城市保护与公共参与研讨会"中，在设立于日本名古屋的联合国区域发展中心（United Nations Center for Regional Develoment, UNCRD）的支持下成立，并一直获得日本丰田财团等资助的非官方学术组织，在亚洲举办过多次大型学术交流活动，影响逐渐扩大。2013 年于马来西亚槟城，AWPNUC 调整为亚洲遗产网络（Asia Heritage Network，AHN）。2019 年 AHN 国际会议在华侨大学召开，以泉州古城为田野参访点，这也是本书翻译的由来。基于过去半世纪亚洲城市共同经历了急速发展的剧烈冲击，AHN 旨在促进亚洲城市（尤其是遗产城市）在文化遗产、建筑技术、城市形态、都市挑战等方面的视野、愿景、经验、技术的交流，主张重视生活社区与遗产保护的动态关联，鼓励培育市民组织，探索基于当地知识与传统取向的新保护发展策略，促进亚洲共谋遗产城市新篇章。从 AWPNUC 到 AHN，历次会议时间、主办城市、主题如下：

● 1992 年，马来西亚槟城，遗产发展的经济潜力。
● 1993 年，澳大利亚阿德莱德，致力于更好的城市：城市保护的环境、经济、社会、政治和实践。
● 1994 年，越南河内，变迁中的亚洲城市：城市保护的挑战。
● 1995 年，日本奈良，历史街区与街屋活态文化的传承和发展。
● 1996 年，印度尼西亚日惹，历史片区的更好存在。
● 1997 年，中国台北，草根保护组织的回顾与展望：作用与成就。
● 2000 年，印度尼西亚巴厘岛，为可持续的社会、经济、旅游发展保护遗产。
● 2006 年，马来西亚槟城，城市如开放课堂：城市保护的多样性和动态。
● 2013 年，马来西亚槟城，亚洲城市保护网络及其未来：遗产、文化认同和亚洲活力。
● 2016 年，印度尼西亚巴厘岛，对于亚洲新兴国家之历史城市保护行动的支持。
● 2019 年，中国厦门，亚洲城市与多元历史社区的保护与更新。

1995 年 10 月，本中心以奈良町为会场举办为期 4 天的 "社区治理草根国际会议 IN NARA 暨第四届亚洲和西太平洋城市保护网络会议"，会议主题为 "历史街区和町屋生活文化的未来传承与发展"。有来自马来西亚、新加坡、台湾、越南、印度尼西亚等全球 12 个国家和地区的 39 位案例发表人与 200 位县民参加了此次会议。会议赞助团体有（财团法人）奈良丝路博纪念国际交流财团、笹川和平财团、国际交流基金和奈良市政府。

纪念演讲由摄影记者大石芳野女士担任讲者，题目是《思考战后五十年间日本与亚洲的交流》。她的演讲结语是："始终铭记对亚洲各国的战争加害，期望由 NPO、NGO 承担起增进友好与和平的任务。"

分论坛有 "奈良町的生活" "奈良町的生计" "奈良町的姿态" "NPO、NGO 的国际协作"。刚刚开馆的奈良町物语馆也设为分论坛会场，给参会者提供了奈良传统町屋体验。全体会议通过《奈良宣言》，再次肯定了将历史街区的价值传承发展至未来，以及推进民间交流与友好的意义。

此后，社区治理草根国际会议因资金不足而逐渐缩小规模直至中止，但本中心仍保持与新加坡和槟城的交流。

1998 年，元兴寺、东大寺、春日大社等登录为世界遗产，奈良町成为缓冲区[1]，来自世界各地的访客不断增多。

现在于奈良町中常能见到外国访客的身影，其中也不乏想在此定居者。在成为名副其实的世界文化遗产城市后，未来移居奈良的外国居住者想必也会增加。

2004 年 1 月起，本中心受泰国清迈的社区治理组织"都市开发研究财团"（UDIF）的邀请，开启了双方关于历史环境保全的交流。本中心为展开交流与协作，获得国际交流基金的赞助。目前，这个项目正在持续进行之中。

2006 年 1 月，从事历史街区保全活动的本中心和泰国清迈及普吉岛、柬埔寨金边等地 30 人参加了马来西亚槟城召开的工作坊。我们在"作为开放性教室的城市——街区保全的多样性和动力"小组中，与其他参加者交换意见并参访街区。

1990 年代，一位从县政府退休的会员，前往国际协力机构（JICA）的"印度尼西亚的低成本住宅调查项目"就任。又于2006 年，有建筑师会员因"街区保全项目"前往泰国就职。

---

1. 缓冲区：指世界遗产缓冲区（world heritage buffer zone），为了保证遗产安全而设定的区域。缓冲区内，建筑与土地的使用和开发均受到一定限制，以此为遗产增加保护层。

奈良宣言

　　为了明确历史环境保全视角下的城市的理想姿态，我们来自亚洲和西太平洋各地以及日本国内的心系街区保护的 200 名参会者，在日本古都奈良市奈良町举办"社区治理国际草根论坛 IN NARA 暨第四届亚洲和西太平洋城市保护网络会议"。在此，我们针对未来历史环境保全的应有之姿，从多种角度进行了广泛的意见交流与探讨。

　　第二次世界大战后，世界范围内社会与经济的急剧变化对历史坏境造成破坏，带米地域特性以及居民对家乡的自豪感或身份认同的丧失。对此课题，我们街区保存领域的相关人员正以认真的态度进行应对。

　　在本次论坛结束之际，我们想对将来的活动，提出如下四点关于街区保存活动的方针。

　　1. 在呼吁历史街区保存重要性的同时，也必须在超越时间和空间的基础上，面向未来将其价值进行继承和发展。

　　2. 为此，必须将"全体人类与自然和历史环境存在相互依存关系"的共生思想作为基本理念进行宣扬。

　　3. 就此意义而言，今后必须以公民动议（citizen's initiative）的方式来面对以上问题。

　　4. 为了实现这一目标，各种区域内的 NGO（和 NPO）或者全球范围内的 NGO（和 NPO）的相互合作，以及与政府之间的合作是不可或缺的。必须在尊重彼此的文化和多元价值观的同时，互相借鉴迄今为止积累的经验、智慧和技术，以使多方协作变得更加活跃。

我们宣布，将根据以上行动方针，在今后于各地联合街区保存与社造的活动，以推动宣言的实现。

1995 年 10 月 29 日

日本·奈良市·奈良町

亚洲遗产网络
巴厘宣言
对于亚洲新兴国家之历史城市保护行动的支持

我们在"巴厘论坛"中获得已发展和发展中国家的思想和经验的丰富交流。来自 13 个国家的代表分享了共同观点：遗产是世界和平与和谐的非常重要的基础。遗产应以一种友善、理解、尊重的方式管理，承诺保障跨文化多样性和文化杂糅性，包括少数群体的立场。基于无歧视的社会经济正义，遗产能增进和平与和谐。

遵循 2013 年"槟城论坛"所确立的原则，我们需强化我们的网络以支持亚洲区域的遗产保护活动。13 个国家代表达成以下意见：

1. 基于文化流变和我们所共享的历史和遗产的丰富性，我们应尊重每个文化群体的文化认同。亚洲国家人民在地理上和文化上紧密相连。这些要素对于创造一个和谐的亚洲社区具有巨大潜力。

2. 我们应将遗产视为创造一个更好的未来的工具。遗产可强化我们的认同，并在自然和精神的意义上使人民探向其更深的根源。农村遗产和城市遗产二者同样重要。因此，保护必须综合通盘和多维度，覆盖有形、无形和自然遗产。

3. 我们应知晓城市和农村遗产保护活动正在发生的新威胁，尤其是气候变迁、恐怖主义、社会和自然灾害的影响。我们应讨论和发展缓解威胁的方法和评估措施。

4. 我们应促进本网络更为强大。为了可持续，遗产组织应自视为专业实体或社会企业家。通过本网络，我们致力于在文化和遗产议题处理的道路上，彼此协助、启迪和学习。我们亦须结盟和完善我们各自的计划和议程。

5. 通过精心地、周到地、创新地应对变局，我们携手维持和保护我们的遗产。我们的挑战包括拓展遗产保护意识和促进公众保护遗产。应格外注重儿童教育，从小培养对于其自身文化和密切的跨文化关联有更好更深的理解。

6. 我们欢迎多文化合作和国际合作。即使每个城市和农村地区有其特殊的背景和活动，他们都有着相似的议题。这包括募款、经济发展、社区参与、政府支持、社会正义、旅游管理、改善遗产的现代技术采用等等。我们跨越国界从不同群体的经验中学习。

巴厘岛，2016 年 1 月 11 日
2016 亚洲遗产网络国际论坛参与者

亚洲各地兴起的第三部门

2004 年 11 月，"21 世纪中国城市发展"国际会议在湖北省武汉市的华中科技大学召开。中国城市规划学会、华中科技大学建筑与城市规划学院和武汉大学人居系统工程研究中心共同举办了这场持续三天的会议，还邀请了来自美国和日本的演讲者。

我受到华中科技大学建筑与城市规划学院龙元教授的邀请参加会议，并在"城市文化"分论坛上作了题为《以市民为主体的历史街区保全与再生》的报告。会议结束后，对龙教授的研究课题汉正街进行实地考察。汉正街与西洋建筑鳞次栉比的租界区相邻，在一个世纪前作为商业街区而兴起，街道与人都充满着活力。

汉正街面临居住环境与交通的改善、市民休憩场所的绿化等诸多课题，但是这里也蕴含着未知的宝藏。本中心已在主页上登载龙教授关于汉正街的研究论文。

龙教授一直在以各种手法引导人们的关注，比如调查商住一体的商业模式、研究老年人群的日常行为、在建筑学会的竞赛上做关于街区再生的提案、与武汉电视台合作制作"住宅将改变武汉"的主题电视节目，等等。

前文提到，本中心在丰田财团的资助下，于 2004 年举办了 25 周年纪念活动"繁华·奈良町二十五——成为人与人相互共鸣的街区"。来自泰国清迈的社区营造团体 UDIF 出席了此次活动的分论坛，因此我们以"面向可持续社区营造的清迈古城再生"为题组织会议。会上发言人是本中心会员兼 JICA 老年海外志愿者仓又孝和与 UDIF 事务局长唐灿（Duong Chan）。

两位发言人指出，清迈的古城再生存在以下问题：①不存在类似日本的文化财保存制度；②需要改善教育课程来推动古都保存和增进国民对该地区的重视；③随着泰国王室加强中央集权，儿童对清迈的独特性和地域特色已一无所知；④虽然政府有指定保存地区，但是对建筑的形式、色彩和材料等的管制仍需加强；⑤没有补助制度来确保文物的保存，需要保护的街区往往因开发而变样；⑥交通政策的缺失导致交通堵塞带来的空气污染越发严重，等等。

亚洲各国都正在经历市场经济对传统街区的持续破坏。大家达成共识，我们不能只关注街区的保存，还要认识到保全生活文化的必要性。本中心与泰国、马来西亚、柬埔寨等国家，就"街区保存"和"NPO 与 NGO 应尽的责任"等共同议题进行交流，这样或许能在相互间构筑起更好的关系网络。我们也希望本中心积累了 26 年的街区保全运动经验，可以成为武汉和清迈的参考。

2005 年秋天，"第五届中日韩居住问题国际会议"在秋色似锦的奈良召开。会议由日本居住福祉学会、中国房地产及住宅研究会、韩国住居环境学会共同举办。会议以"东亚居住福祉的传统与文化"为题，旨在"聚集三国代表，共同讨论作为人类生存根基的居住行为的历史文化"。

参加这次会议的 —— 有以中国房地产及住宅研究会包宗华

教授为代表的 20 位中国参会者，以韩国住居环境学会文永基会长为代表的 48 位韩国参会者，以及由学会会员和一般人士组成的 60 位日本参会者。会议因 120 多位研究人员和学者的参加而盛况空前。三国各派出 5 位代表，共 15 人发表了相关研究，过程中还配有中日韩三语翻译。我也就《从奈良的历史文化看居住福祉的传统与未来》作了发言。

最后一天，会议通过了《东亚居住福祉宣言》。宣言建议：应以人的尊严为本，使人安全并安心地生活；应保护地区的固有文化免受开发的破坏；应认识到居住福祉必须有益于促进居民的健康和提升防灾功能；应使居民积极地参与其中。而这些都是本中心自成立以来便始终坚持的活动目标。

目前，由于日本参拜靖国神社问题和历史认识问题，中日韩三国正处在紧张关系之中。但是，我相信围绕居住福祉和社区治理等共同议题、由民间层面所组织的国际会议，将成为三国之间理解与友好的纽带。

希望日本居住福祉学会与本中心的亚洲交流活动能够互为助力，共同为亚洲各国和日本开拓新的未来。

东亚居住福祉宣言
2009 年 10 月 11 日

前言

人类共同居住与生活在地球上。

能够安全并安心的居住是人类生存的基础和基本人权。

在 20 世纪，战争与破坏、殖民的统治、灾害、失业等等，使许多人沦为难民，遭受无家可归、恶劣的居住条件、令人不安的居住环境等困境，伤害了其作为人类的尊严。

对此，联合国宪章、世界人权宣言、国际人权条约、伊斯坦布尔人居宣言等皆呼吁重视适当居住的权利、维护地球环境的可持续性，各国政府也承诺将其实现。

我们将这些基本的居住权利，和人人在适当的住宅中居住、有尊严且安全安心的生活的状态称为"居住福祉"。

"居住福祉"是人类维持生存与幸福的基础条件，是人类的基本权利，是人类社会必须实现的目标。

所有人必须真正地认识到确立居住福祉的必要性。

而各国政府必须实现人人皆可享受适当居住的权利，为确立居住福祉诚实地履行各国际条约和国际会议中的决议。

同时，亚洲各国由于对西方近代化过度倾斜，导致忽视了东亚固有的居住智慧。

尊重自然之理与因地制宜的传统文化无人问津、地域共同体的解体、资源与能源的浪费、生态破坏等等，共同招致了居住福祉环境的恶化。

发起于 2000 年的"中日韩居住问题国际会议"，为解决各国面临的诸多居住问题，而进行研究与交流。

本会议为重新审视西方近代主义与其价值观，并为在立足于东亚悠久的历史、思想、文化的基础上，为了人类获得更好的生存与幸福做出贡献，在此向东亚与世界作出以下宣言。

1. 树立居住福祉理念

所有人都拥有适当居住的权利。

各国政府有责任和义务将其实现。

各国需树立作为人权的居住福祉理念，将适当的社会保障与市场手段相结合，向中低收入者充分提供合适的住宅，并且必须保障包括无收入者在内的、所有收入不同、条件不同的居民皆能获得适当的住宅。

2. 禁止社会排斥和有关居住的歧视

在人种、国籍、社会出身等社会属性上处于劣势的人们，尤其是高龄者、儿童、残障人士、单亲家庭、伤病者、低收入者、受灾者等常常得不到必要的住宅保障，遭受社会排斥，忍受不适当的居住。

这些居住上的歧视必须被禁止与消除。

各国政府必须遵从本国签署的联合国社会权利条约等国际决议，制定相关法律，保障包括难以通过自身力量确保居住的人群在内的所有人。

这便是居住福祉的核心课题。

3. 人与自然的和谐共存

居住环境的营造必须考虑人与自然的和谐共存。

必须立足于尊重生态的东亚自然观，将良好的居住福祉继承给下一代。

在进行土地开发利用时，需要保护耕地、深林、湖泊、海洋等的生态环境。

在进行住宅区规划时，需要充分考虑日照、通风、水道、绿荫、水畔空间等自然条件。

4. 尊重各地的文化

对支撑人们生活的各地生活文化，应将其视为"居住福祉的土壤"予以尊重和培育，不可使其被开发所破坏。

同时，必须尊重各地在思想、宗教、价值观和生活习惯等领域上的多样性。

为了尊重与继承东亚在居住文化上既有的原理，我们必须在规划和建设住宅区时，充分考虑传统居住文化的传统与发展。

5. 评价和有效利用居住福祉资源

我们必须将住宅、居住地、地区、城市、农山渔村、河流湖泊、森林绿地、地下资源、日光、空气、国土、地球全部视为"支撑居住福祉的资源"，通过对其进行评价、积极地保护、有效地利用和再生积累，为人类社会的可持续发展和人的"安居乐业"创造条件。

6. 居住福祉的预防原理

良好的居住福祉环境，可促进儿童的发育与成长、给予高龄者安宁、预防伤病、增进健康、提高地区防范机能。

居住福祉带来的预防机能可降低社会成本。

必须积极采取对策增进社会对此机能的认识。

自然灾害的多发将破坏安定的生活。

对此，各国政府必须准备有效的预防和救援措施，提高防灾机能，保障居住福祉的可持续发展。

7. 实现居住福祉的主体

为了居住福祉的实现，各国政府必须积极保障作为居住主体的居民参与福祉政策的制定与实施。

通过使居民参与居住福祉政策的制定，发展居民的"居住能力"，提高其公民意识，是"居住权利"的重要因素。

必须通过教育、学习、信息和技术的普及、研究，提高居民参与实现居住福祉的能力。

8. 强化国际联系与合作

在各人种、各民族跨国混居的现代社会中，地区间关于居住福祉的知识、智慧、实践的交流和学习、联系与合作，对于形成良好的居住福祉社会来说是不可或缺的，也有利于世界性的居住福祉社会的形成。

2005 年 11 月 3 日第五届
中日韩居住问题国际会议奈良大会

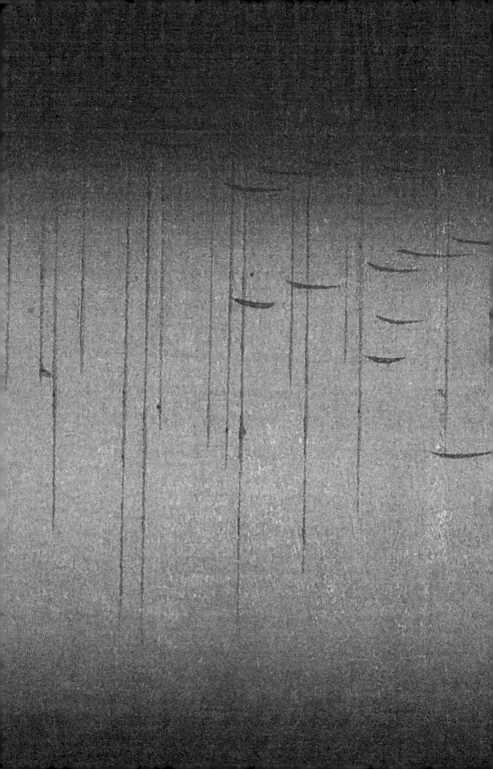

第 3 章

地区固有的风景和景观
是国民共有的资产
—— JR 奈良站拆除等问题

改造后作为 JR 奈良站组成的旧站房及广场
作者：Degueulasse
图片来源：Wikimedia Commons

突然就任理事长和奈良町的现在

1996 年 4 月，发生了理事长 [1] 因突发事故辞职的意外事件。一直以来中心的企划运营和财政都由领导力强大的首任理事长全权负责，一时大家心中都掠过解散的念头。

但是，我不能让辛辛苦苦点亮的市民主动治理社区的灯火就此熄灭。由町屋再生的据点不仅是中心多年活动中的里程碑，同时也是社会责任，因此我下定决心要跨越这个大考验，再一次迎接挑战。

当我还在犹豫是否接受第二任理事长提名之时，一次参会经历促使我做出了决定。1995 年夏天，我作为奈良县派遣团的一员参加了在中国北京举办的"第四届联合国世界妇女大会·NGO 论坛"。会上，各国代表团提出一个请求："日本虽然是经济大国，但是女性地位低下，请促进女性参与各个领域的决策。"正是因为这句话让我接受了提名。从突然接任第二任理事长直至 2002 年，我担起了 6 年的重任。

---

1. 彼时原理事长为木原胜彬，1945 年出生于奈良市，毕业于关西学院大学法学部，曾就职于民间企业，是奈良社造中心第一任理事长，（特活）NPO 政策研究所理事长，2003—2013 年担任政策研究网络"奈良·未来"代表干事，现任地域自治项目负责人。主要论文《自治团体再构筑和交流再生——以市民主权型自治团队为目标》（2008）、《地域自治结构再考量——面向地域起点的构造组合》（2015）。

从自上而下的组织运营，转向谁都是主角的自下而上的体制。会员从十岁到八十多岁，包括儿童、高中生、大学生、高龄者等男女老少，会员分布变广，各个方面的活动也增加了。

奈良町物语馆是可以引发人们表演欲望的舞台，很多人入会就是为了能够轻松便利地使用这个空间。我们在通庭装设地暖来御寒，还设置了轮椅也能进入的洗手间。奈良町没有公共厕所，奈良町物语馆的洗手间便出现游客排队的情况。作为终身学习的一环，艺术家们在此发布织物、陶艺、绘画、摄影之类的作品。古色苍然的町屋与现代艺术作品的反差产生了协同效应，带来作品的附加价值。

简单地理解社区治理的内涵是困难的，但是在使用奈良町物语馆和参加活动的时候，人们便能自然而然地体验到社区治理的乐趣。透过雪见障子看见的景色、缘侧[1]的风铃声、手工料理的味道等等，通过五官的感受，我们的活动理念可以被切实地体验到，从而传递给他人。我们所做的不止是推陈出新地扩充活动选项，也实现了提高参加者们景观意识的作用。

奈良町中由町屋改造而成的餐厅、吃茶店、土特产店等店铺也增多了，满足来访者在游览和味觉上的需求。与 20 年前的奈良町相比恍如隔世，街区变美了，来访者增加了，手持旅游地图的行人引人注目。人们争相预约中老年志愿者为其导览，但大量汽车和摩托车的驶入却导致导览无法安稳地进行，因此他们迫切希望设置步行者优先日。

奈良社区营造中心

大事记

以市民为中心的
社区治理

奈良町的居住与福祉

黑田睦子 著

刘暗吟 齐全 黄秋琳 译
龙元 校

上海文化出版社

旅游导览和旅行杂志用彩页刊载关于奈良町的特辑报道，电视和广播等大众传媒也因取材而频繁来访，最终这些信息又吸引了更多人前来。韩国全国性电视台 KBS 为了对比世界遗产城市庆州与奈良，来到奈良町取材。节目在韩国播出时，介绍了世界遗产城市奈良中以市民为主体的社区治理。

NHK 的人气节目《Close Up 现代》采访了中心的活动，并于 1999 年夏天在《会复活吗？我们町的商店街》这期主题节目中播出。

全国有 1.8 万条商店街被称作卷帘门大街[2]，加速了中心市街区的衰退。作为相关政策，国家通过了《中心市街地活性化法》，其中包含了 130 个国家机关出台的 150 项措施，比如闲置店面的再利用、社区治理人才教育、因学生人数减少而空置的教室的活用等。该法律允许地方政府制定基本计划，并通过由 TMO[3] 推进各项事业的机制，从国家一兆日元的项目预算中获取三分之一至二分之一的经费补助。有 157 个市町村提交了计划，但实际采取行动的只有 20 个。如果地区居民缺乏自发性和主体性，那么即使推进计划也只能是"剃头担子一头热"。

1.缘侧：檐廊的一种，也称廊台，通常为木质或竹制，可在建筑物外围绕房间一圈，是日本传统居住建筑的灰空间，视线开阔并有利通风。
2.卷帘门大街：对衰败的商店街的戏称，指因多数店铺甚至全部店铺的关闭，导致行人只能看到关着的卷帘门。
3.TMO: Town Management Organization，即管理城市建设的机构。

　　奈良町的活化没有依赖 TMO，通过中心的斗志、创意以及自主自立的饥饿精神，通过不断卷入居民和政府而展开地区经营，使地区的文化资产切实地产生了经济效益。NHK 的《Close Up 现代》在全国引起很大的反响，电视台事务局连续几天都收到从各地蜂拥而至的问询，这使我们再一次认识到媒体的力量。

　　2006 年，为了活化中心市区，限制新开大型商店开业的法规出台了。[1] 在奈良町，复活个体商店是居民们的梦想。

---

1. 日本政府对大型连锁零售业进行规制，以保护中小零售商和地方特色商业街区的尝试由来已久，最早可追溯至 1937 年的《百货店法》。经过多年摸索，逐渐形成了一套由《中心城区活性化法》《都市规划法》和《大规模零售店立地法》，三部法律共同配合的制度（组合拳）。以上三部法律在日本也被称为"社区营造三法"。其中，《中心城区活性化法》规定了政府扶持中小零售业的基本方针和可采取的特别措施，《都市规划法》对商业设施的兴建设置限制、《大规模零售店立地法》则对大型零售商店的配套设置和特别义务作出相关规定。自颁布以来，社区营造三法各自都经历了多次修订，其内容的变迁无法在此一一介绍，在此仅就涉及书中内容的背景进行补充说明。2006 年，日本国土交通省修订了《都市规划法》，以禁止在城市郊区兴建超一万平方米的零售商业设施的方式，限制大型商店建筑的兴建。同年，日本经济产业省修改了《大规模零售店立地法》，允许（都道府县）（类似我国省级政府）对境内一万平方米以上的零售店设置关于配套停车场面积、预防交通堵塞措施和防噪声措施等配套设施方面的硬性指标，提高了大型连锁零售店品牌扩张的难度。

街区的基因被继承了吗

虽然奈良县内的市町村各自施行了关于景观保全的法律，但是景观破坏仍在到处蔓延，可见现行法律并不足以确保景观的保全，中心仍希望政府能够制定《大和的风景和景观条例》。我们的社会使命之一便是"对大和的风景和景观的保护与培育运动"。

1992 年，县政府分署办公大楼的建设计划成为人们讨论的焦点。中心的会员们向我们反馈了自己对此事的看法，他们认为：①建设计划将会妨害若草山[1]的景致；②需要将奈良公园周边视为文化地带来重新审视建设计划；③市民对建设计划并不知情，必须进行更深入的讨论，等等。市民们展现出对奈良景观问题的参与和焦虑感。

1997 年，奈良县设立"关于奈良县建筑物高度的检讨委员会"，借此讨论是否要为盘活奈良低迷的经济，把各市町村分为保全地区和缓和地区，并将缓和地区的建筑高度限制从 40 米放宽至 45 米。京都将对 JR 京都车站和京都酒店的高度限制放宽到 60 米的举措，激发了人们对缓和高度限制的讨论。

---

1. 若草山：位于奈良公园东端，标高 341.8 米。雪景优美，是江户时代南都八景之一的"三笠山雪"，周边有东大寺、春日大社、兴福寺、奈良町、奈良北町等。每年 1 月的第 4 个周六举行烧山，是古都奈良宣告早春来临的传统仪式。

　　当时，受检讨委员会委托而进行研究的我，对此提出了一系列的疑问：如果高楼大厦的增加使得奈良的风景与东京和大阪如出一辙，那么来自世界各地的访客还会感到满足和喜悦吗？而且这样做真的能够促进经济的活化吗？不仅如此，环境的巨变难道不会对老龄化社会带来负面影响吗？以上都是我身为生活在奈良的一员，凭借心中直观的感受所作的发言。果不其然，这为我招来了某位委员的猛烈指责。

　　如果是打心底为奈良的未来着想，那么人们应该明白这种"仅建设高层建筑便能够提升经济"的幼稚想法只有坏处而没有任何好处。

　　因为意识到奈良的风景和景观正处在非常令人担忧的状况之中，所以中心面向会员实施"大和风景问卷调查"。调查结果显示，会员之中既有人认为再开发计划对奈良风景的影响令人不安、奈良优美又独特的风景正在被破坏，也有人认为不必拘泥于旧的事物，有必要为未来创造新的景观。

　　2000 年，本中心举办了"街区的基因，提案征集"作为 15 周年纪念活动。我们希望引发人们对根植于地区的生活智慧、技术、传统产业和生活文化的探索，并促使大家对如何活用它们理解和面向未来进行讨论。

　　在以"要在街区中留下什么并创造什么"为题的展板展示和提案活动中，我们收到街区格局的"秩序""道路""手艺人群和技艺""奈良格子""地藏""JR 奈良车站""防灾的思想和方法"等来自年轻人和高龄者的提案，为我们思考今后的社区治理方向带来许多的启发。

2004 年 6 月，国家制定了《景观法》[1]。虽然会感到这部保全优美风景和街景的法律来得太晚，但是此次立法确实具有划时代的意义。它意味着在建设美丽国家的方针下，政府将开始重视景观。景观已不再只是个人的主观和趣味层面上的存在，而是被认识和解释为人类的正当权利与公共财产。

过去，京都市伏见区的居民曾在关于高层公寓建设问题的诉讼中争取历史环境权，但以败诉收场。在和歌浦的不老桥[2]景观问题中，居民对景观权的诉求也没有得到认可最终败诉。

1. 景观法：日本与城市管理相关的国家法，除了《都市计画法》与《建筑基准法》外，2004 年颁布的《景观法》在日本国内引起极大震动。基于城市中围绕"眺望""景观"等关键词的权益诉讼日益多发，该法将难以界定的"景观权"作为公共财产给予立法保护。战后日本城市快速发展和更新导致了各种景观问题，其中多为高层建筑建设引发的景观纠纷，例如 1964 年京都塔建设影响城市瞭望、1971 年横滨山手区高层住宅建设影响周边住宅景观等事件。这些事件和问题不仅导致民间保护组织机构的扩大化和全国化，其所引发的市民团体乃至专家的反对呼声，直接促使地方层面景观条例的出台；而 1975 年修订国家法《文化财保护法》时引入的"重要传统建造物群保存地区"制度，进一步给予地方制定景观条例的法律基础。也就是说，在国家颁布《景观法》之前，日本各地已经制定了相当数量的地方景观条例，累积了充分的地方经验，其后总结地方经验制定国家法律。（傅舒兰，日本《景观法》制定过程的基础研究 ——聚焦关键人物西村幸夫及其方法框架，《国际城市规划》，2018 年，第 5 期）

2. 不老桥：和歌山市的指定文化财，是和歌山县指定史迹暨国家级名胜"和歌浦"的构成要素，为 1851 年纪州德川家所建拱形石桥，为纪州东照宫之德川家康祭礼的"和歌祭"时德川家族成员和东照宫人员朝向"御旅所"（和歌祭的神舆和神像休息的场所）通行所搭建的桥梁。由于九州以外的江户时代拱形石桥非常珍稀，桥栏的云样很独特，以及与和歌祭的历史关系，不老桥是和歌浦当地人的心灵根源。1988 年在不老桥下游 10 米处、通向海水浴场、阻挡河口景致的县道苇边桥（又称新不老桥）兴建计划公开，引起当地居民、大学教授、文化人的反对运动，组织了"和歌浦意见会"。1989 年 5 月架桥工程开始施工，意见会向和歌山地方法院提起诉讼，要求由于损害历史景观应停止工程建设费的公费支出。在此诉讼期间，工程继续施工，于 1991 年 3 月完工。完工后法院判决原告败诉。

　　2001 年，面对在奈良县吉野山开发高尔夫球场的强横行为，居民们发起诉讼并成功达成和解，阻止了开发的进行[1]。现在，国土交通省制定了在世界遗产平成宫遗址的地下兴建"京奈和高速公路"[2] 隧道的计划。虽然该计划因市民、考古学会和木简学会的反对决定改道，但人们依旧担心无论隧道怎么挖都会伤害到古都奈良的地下遗迹。也有人认为，既然地下不行，那就改建高架桥。可是他们必须想想，是否要为了高速公路而使奈良的景观毁于一旦。

　　另一方面，《景观法》的通过也意味着考验居民对景观的美学意识和感性的时代到来了。

　　在最近发生的景观问题中，我对"国立公寓诉讼"[3] 仍记忆犹新。这场居民要求拆除既成公寓楼 20 米以上部分的诉讼，暗示着时代的变化。奈良町虽然是景观形成地区，但是由于处罚制度的缺失，所以一直以来即便出现了与景观不协调的建筑，在法律上也只能容忍。今后，随着《景观法》的出台，对建筑物的高度限制必将得到加强，同时对景观地区中建筑物的设计和色彩等进行管控也成为可能，而我则将希望寄托于此。

　　未来，该如何充分运用法律来保护和培育地区固有的风景和景观呢？考验地方政府和居民们的时刻到了。

1. 吉野山开发高尔夫球场诉讼：发生于 2001 年，从网上披露的《奈良地方裁判所葛城支部平成 4 年（ワ）270 号判决》（1992 年）来看，吉野山高尔夫球场诉讼环境权与人权的关系。该案的原告是该高尔夫球项目相邻土地居民、吉野川流域居民，被告为开发商奈良森林观光开发株式会社和村本建设株式会社。原告论证该项目在治水计划（调整池设置、分流河川、自然径流范围）和调整池设计方法的问题、欠缺富余流量的计算、粗度系数错误、忽略直接流出量等，并从森林机能、地基防灾、农药毒性、水土保持、水利各方面论证该项目对于原住民的生命、身体、财产等造成侵害，提出环境权·自然享有权、历史环境权是一种人权。该案判决原告主文诉求的人格权和附页的水利权胜诉。

2. 京奈和高速公路：以京都府京都市为起点，经奈良县由北向西后抵达和歌山县和歌山市，总长约 120 公里的国土交通大臣指定高规格干线道路（一般国道快速道路）。

3. 国立公寓诉讼：从 JR 国立站到一桥大学向南延伸的大学通（东京都道 146 号），有樱花、银杏风景延展和大学城这张国立市名片，是市民长期以来亲近喜好的事物。1989 年国立市于土地用途变更时撤销商业用地的高度规定，大幅放宽容积率，致 1990 年代高层建筑如雨后春笋般迅速增长，引起市民与市政府之间纷争迭起。在国立站南出口的公寓争议期间，1994 年市民要求制定景观条例，1996 年市民提诉要求景观权（享受良好景观的权利），1998 年国立市制定《都市景观形成条例》，规定被指定的"都市景观形成重点地区"内高度 20 米以上（近邻商业区则是 31 米以上）的建筑物的形状、色彩需经事前协议订定。彼时大学通是都市景观形成重点地区的候补地（后于 2003—2005 年间指定）。1999 年大学通一角的高层公寓项目进行规划和事前协议，拟建 18 层 53 米，引起居民反对运动，国立依据《开发指导纲要》制定公寓和银杏树高度协调的行政指导，开发商变更计划为 14 层 44 米，但项目周边居民提请行政诉讼，指应按《中三丁目地区计划》限制建筑物高度在 20 米以下。2000 年该项目取得建筑许可，并于 2001 年建设完成，次年销售。诉讼审理在购房者入住后仍继续进行，最终确定该项目的合法性。

若草山之烧山，2012 年

作者：名古屋太

图片来源：Wikimedia Commons

奈良县警察本部暨县政府分署办公大楼，右侧远处是东大寺大佛殿和若草山

图片来源：奈良县警察本部

和歌浦不老桥（右）和新建的苇边桥（左）

从桐朋中学运动场所见国立公寓，2018 年
作者：江戸村のとくぞう
图片来源：Wikimedia Commons

JR 奈良车站要被拆了

1998 年 1 月，我的视线被本地报纸上一个惊人的标题牢牢锁住——《JR 奈良车站会因站前再开发项目而被拆除吗》。这条新闻对我来说就像一道晴天霹雳。

这是一栋多年以来一直被地区居民们喜爱和熟悉的站房，为什么一定要把它拆掉呢？我心中的震惊最后化为愤怒。旧 JR 奈良车站那优美的寺院式建筑不仅是街区的地标，也是地区居民们的骄傲。"相遇与离别""回忆""乡愁"等等，各种各样的思绪汇集于此，它是奈良不可替代的脸面。

旧国铁奈良车站开业于明治 23 年（1890），而旧 JR 奈良车站则是昭和 9 年（1934）。车站由铁道省的增田诚一负责设计，瓦顶上装饰着（常见于佛塔上部的）相轮和水烟，四角檐头下挂着风铃，以寺社建筑的姿态完美地融入奈良的景观之中。车站的两翼站房是在战后增建的，据说设计者在造型设计上参考了宇治的凤凰堂。

这里我想引用摄影师杉崎行恭先生在其《日本的车站——100 栋值得保留的车站建筑》（日本交通公社出版事业局，1994 年）中对奈良车站的评价，"它形似巨大的多宝塔，正面门廊的柱子上有着罗马风格的装饰，给人一种和式酒店的印象，是现在已难以想象的豪华车站，作为对外窗口履行了定义城市形象的功能，加上东西两翼站房的组合，用相扑来打比方的话，它就是重量级的'张出大关'。"杉崎先生说得真是恰到好处。

1989 年，中心为 JR 奈良车站周边再开发项目作了名为"宝地之丘构想"的提案。

我们的构想是，在点缀着森林和水岸的 30 米高的古坟形小山上，建设小鹿成群嬉戏的公园。同时，小山上还将建造 JR 与近铁的综合车站、停车场、会馆等设施，四周则环山挖掘护濠，并在护濠外侧配置建筑高度在 31 米以下的酒店、集合住宅和百货店，等等。这个设想是为了让人们在奈良下车时看到的不是随处可见、千篇一律的车站，而是一座具有奈良特质、历史与自然相互协调的车站。可惜，这份提案后来没有下文了。

据说，拆除车站的起因是，JR 奈良站前再开发项目"丝路城市 21"计划在实施车站周边高架化项目（连续立交）时铺设临时道路，而临时道路与站房之间只有 5 米的距离，导致车站变成施工的阻碍。那么，当时为什么不变更设计方案呢？县政府表示，在施工期间迁移站房再回迁原址需要花费 30 亿到 40 亿日元，因此难以对其进行保存。虽然这个金额会让人感到气馁，但是难道可以把珍贵文化遗产的丧失和金钱的多寡一起放到天秤上衡量吗？奈良女子大学生活环境学部的上野邦一教授也认为：考虑那些无法被换算成金额的价值也十分重要。市民中也开始发出质疑的声音。

在人们熟悉的地方，被无数人使用已有 70 年的 JR 奈良车站，如今都要因不得已的理由结束自己的使命，市民却还被当成局外人。

我突然联想到 12 年前东京的丸之内周边开发项目和东京车站高层建筑化。东京车站竣工于大正 3 年（1914），设计师为辰野金吾，是东京市中心重要的文化遗产。市民为此发动了保存运动，并成立了"热爱东京站红砖站房的市民会"[1]。

被东京车站的优美外观吸引的我也加入了，还帮忙组织了考察学习会和著名收集活动。市民会的成员们在看到 JR 奈良车站将被拆除的新闻之后，发起了明信片作战。向奈良县知事、奈良市长、JR 西日本寄去了写有"JR 奈良车站不只奈良县民之宝，更是日本国民之宝"的明信片，给了我们莫大的鼓励。

---

1. 东京车站主体建筑建设概略：1896 年，帝国议会通过在新线中段兴建"中央停车场（东京站）"方案。1908 年，站舍基础工程开工。1914 年，车站工程全部竣工，同年启用。1945 年，东京空袭时燃烧弹击中丸之内站舍（东京站）出站大厅附近，站台顶棚等全数烧毁。1946 年，丸之内侧站房修复工程启动，南北圆顶部分的 3 层建筑改为三角状，站舍由 3 层降为 2 层。1958 年，重建为地上 24 层、地下 4 层、高 88m 的高层建筑计划被提出来，但由于当时依据《建筑标准法》的高度仅能为 31 米，该计划作废。1977 年，东京都知事美浓部亮吉与国铁总裁高木文雄的会谈中，提及重建东京站。日本建筑学会提出请愿书，请求慎重考虑东京站处理事宜。1981 年，35 层的摩天大楼的重建构想被提出，但彼时国铁的经营状况无法实现这一计划。1987 年，国铁民营化，日本建筑学会向 JR 东日本社长提出"有关东京站丸之内站房的保存请愿书"，同年"热爱东京站红砖车站大楼的市民会"成立。1988 年，东京大学名誉教授担任主席的东京车站地区重建调查委员会，公布"东京车站地区综合维修基础调查"报告，采取容积转移的办法原地保留丸之内车站。1990 年代，恢复和振兴东京站丸之内站房计划启动，并进行具体调查。1999 年，东京都知事石原慎太郎与 JR 东日本社长松田昌士会谈，确定原样复原丸之内站舍（东京站）。2001 年，"东京车站附近的修复与维修研究委员会"研究东京车站附近城市基础设施维修问题和解决方案，公布有关丸之内站舍保存、复原与再开发措施。2003 年，东京站丸之内站舍被指定为重要文化财。2007 年 5 月 30 日修复工程开工，2012 年 10 月 1 日工程正式完工对外开放。

旧 JR 奈良车站，1965 年，翼楼可见

图片来源：吉田守氏·奈良县立图书情报馆今昔写真 WEB

火车站具有福祉功能

在《居住福祉学与人》（2002）中，早川和男先生提到："火车站具有福祉功能，有躲雨（雪）、碰头、邂逅、信息的集中与交换、报刊购买、公共电话、洗手间等等各种各样的功能，也有人在车站过夜。车站是帮助在政治和经济上有困难的人和外国人的地方，也是失业青年和无家可归者聚集的场所。"车站是一个街区的庇护所。

想到这里，我心中便涌起对"火车站"的强烈记忆。

1945 年，还是小学生的我因战争结束成为从韩国返回日本的"遣返者"[1]，是一个把钱缝在鞋底和衣服里、只背着一个背包的难民。我从首尔车站乘坐运输家畜的货车一路逃难，与日本侵华战争遗孤的命运只有一纸之隔。

红砖的首尔车站[2]是建于 1920 年代的美丽车站，但当殖民地统治者突然变成战败者时，首尔车站就成了他们的炼狱。那时车站内的光景，至今仍历历在目。从釜山港登船的难民们被强行夺走贵金属和钟表，一些人在遣返船"兴安号"上燃尽生命，在博多港[3]上岸后被喷洒味道强烈的 DDT，最终挣扎着走到了伫立在一片焦土之中的下关站[4]。车站见证了我们难民的命运，只要我还活着，便要继续将各个"车站"的光景告知后世。

国土交通省自 2005 年 9 月起，在全国 5 个火车站试行为期一个月的"无障碍志愿服务示范项目"，目的是"援助年长者和视障者的移动"。国土交通省认为"车站对于地区而言是巨大的资源"，要以"安心、安全的社区营造与本地社区的重构"为目标，实现"比设施改善更加深刻的、以实际行动关怀困难人群的心灵无障碍"。

池田市整备部都市交通课设立了由专家、NPO 和行政机构组成的检讨委员会，为从市民中招募来的十几岁至七十几岁的学生、主妇、公司职员等 107 位志愿者，开设了关于高龄者和身心障碍者辅助方法的学习班。池田市还在阪急石桥站前的商业街店铺中设置了志愿者值班室，于车站内、巴士站、商店街范围内开展志愿者活动。志愿者活动一共收到 1500 件请求，包括整理随意停放的自行车、监护小学生安全、帮助婴儿车出行、制止乱丢烟头、指路、辅助提行李、购票，等等。据说池田市希望总结志愿者活动的成果，并将其应用到今后的项目之中。

1. 遣返者：指 1945 年日本投降后，从旧日本殖民地（中国台湾、关东州、朝鲜、南洋诸岛）、占领地（伪满洲及其他日军占领地）和苏军占领地（库页岛和千岛列岛），向日本本土遣返的非战斗人员。而参与侵略后自外国返回的日本军及军属则被称为"复员者"。

2. 首尔车站：建于 1925 年，作为首尔交通门户。在 2004 年 KTX 开通后，便不再作火车站使用。旧首尔车站一度被弃置，直至 2011 年进行内部复原工程后，更名为"文化站首尔 284"，作为综合文化空间。"文化站首尔 284"之名是在韩国国内公开征集后取名，包含文化网络中心、首尔地域性以及第 84 号文物之意。

3. 博多港：1945 年博多港被指定为"遣返港口"，约 1 年 5 个月从中国东北地区和朝鲜半岛上岸的遣返者和复员者 139 万人。

4. 下关站：1901 年开通，是九州与朝鲜半岛的联络点，是铁道联络船之关门联络船（1901—1946 年，山口县下关市下关站—福冈县北九州市门司区）和关釜联络船（1905—1945 年，下关—釜山）的始发站。1945 年 6 月关釜联络船因对马海峡封锁而不能运行。

比起硬件的建设，无障碍的心灵才是地区再生的原点。这种
方向性趋势的显现，令人感受到时代的变迁。

1930 年前后的下关站

图片来源：依据改造社《日本地理大系》第 8 卷

重生吧，JR 奈良站房

我了解到，过去文化厅曾探询过是否要将旧 JR 奈良车站列入登录有形文化财的候补对象，并将其作为奈良近代化遗产的象征物。据说，当时 JR 西日本的意向是："拆除或迁移都可以。"

就没有把旧 JR 奈良车站用作城市门厅的智慧和方法吗？在老龄化社会中，车站高架和立体人行道，离无障碍的理念不是很远吗？

地区的重要课题，在缺乏信息公开的情况下，仍在被不断推进。

对于站房的危机，中心不能置之不理。1998 年 6 月，我们在奈良町物语馆以市民为对象召开紧急集会"思考 JR 奈良车站"。发言人有建筑师、摄影家、大学教授、设计师、城市规划师，大家的意见分成两类："现在早已不是废弃与建造的时代，而要保存活化"和"与奈良相称的新站房，要在向市民公开征集意见的基础上重建"，难以将大家的意见集中至保存这一点上。

随后，中心随机抽样 415 名市民实施问卷调查，其中九成有保存意向。随后，我们在中心的季刊信息杂志《地域创造》37 号上，编制了《思考 JR 奈良车站》的特辑。

与此同时，市民组织"JR 奈良车站活化会"成立了。会长是太田博太郎先生，会员们很快便一致决定应该保存站房。他们一步紧跟一步地组织 JR 奈良车站参观会、研讨会、制作请愿书、街头访谈、散发呼吁材料等行动，仿佛拥有无穷的能量。

1998 年，知事设置了咨询机构"JR 奈良站附近连续立体景观·设计研讨委员会"，但不允许市民旁听，审议内容也不予公开。高架化项目的详细图纸也未被公示。2000 年 7 月，研讨委员会向奈良县政府提议拆除站房，以及将部分原有设计运用于新站房的外观。奈良县以拆除为前提，与奈良市和 JR 西日本就新站房的设计展开了协商。

站房犹如风中之烛。活化会与中心立即联手组织联署运动。从 2000 年 8 月至 12 月，我们收集到 14000 个街头联署，并递交给县、市和 JR 西日本。赶来参加站前联署的德国黑森洲保存局调查官克里斯托弗·亨利希森，一位被派赴奈良国立文化财研究所的研究者，也表达了自己的意见："既作为世界遗产城市，为何轻易地就要破坏历史建筑物？若是在德国，这种事绝不可能发生。"

2000 年 12 月，我们请来东京大学的建筑史教授藤森照信，在奈良女子大学纪念馆召开"藤森照信先生讲奈良的街与建筑"主题研讨会。藤森先生说道："老建筑赋予街区以风采。怀旧感具有安定人心的心理效果，不能忽视这种人类特有的情感。"

2001 年 1 月，（社团法人）日本建筑学会向有关机关提出保存请愿书："（旧 JR 奈良车站）作为积极地将古都奈良地域性加以造型化的象征性建筑，具有高度的景观资源价值，期待原地全面保存。"

2001 年 9 月，报纸上跃出一个大大的标题——《JR 奈良站房突转向保存》。

这条新闻就出现在中心与活化会联合举办站房写生大会和呼吁"将站房留给下一代"的徒步活动之后。在一片"车站快被拆除"的风声鹤唳之中，它的发布简直是电击。由于涉及 JR 的上地，全面保存是不可能的，政府决定拆除建筑两翼的站房，将中央部分以建筑平移方式北移 18 米。

据说费用方面，最初预计为 40 亿日元，而最终以 4 亿日元解决。建筑两翼站房因属于战后加建而决定拆除，但它们是不同的时代在建筑上刻下的印记。从长年见惯了建筑的平衡和景观上来看，只保存中央部分也会让其成为没有生命的标本，就像一只被拧掉翅膀的鸟一样令人痛惜。

2001 年 12 月，中心为了制定未来站房的活用提案，发起"重生吧！JR 奈良站房"的提案征集活动。市民们一共投递了五件提案作品，分别是"欧洲的车站营造的学习案例""街区的信息前台""铁道历史资料展示馆""有咖啡馆和广场的放松空间""Live House 和奈良工艺艺廊"。

在我们将提案成果作为市民之声提交给奈良市政府之后，结结实实地换来了他们的不快。不久后，我便收到要把我撤换出"奈良市都市景观审议会"委员的要求。理由是我过度涉足"JR 奈良车站的存废问题"，不符合市政府的方针。

地区的历史和文化遗产是国民的共有财产，对这些事物的热爱之情为何只被视为对政府的敌对之心呢？既不将从"破坏"突然转向"保存"的过程进行公示，也不容许市民提出异议，这令我深切地痛感政府的官僚意识。

活化会的男性会员接受站房的部分保存，认为只要能在车站中展示原 JR 奈良车站的完整模型即可。而女性会员则执着于全面保存，鼓起勇气提出与 JR 西日本会长直接面谈的申请。

奈良县知事柿本佳也阁下
奈良市长大川康则阁下
西日本旅客铁路株式会社代表董事南宫昌一郎阁下

关于保存 JR 奈良站房的请愿书

非常感谢您平日里对本协会活动的大力支持。

在 1998 年"JR 奈良站附近平交道口项目"被宣布之后，我们便十分关注对于现站房的处置方法。根据去年 7 月 19 日一份报纸的报道，检讨委员会提出了拆除现站房的提议，因此我们对此事的进展感到担忧。

本协会此前已对我国的近代建筑进行过一番调查研究，将其结果总结于《日本近代建筑总览》一书中，并于 1980 年出版。而且，本协会在此书中特别针对一部分重要建筑作品，评估了其作为历史和文化遗产的价值，并阐明其保存意义。这些重要建筑作品中也包含了"JR 奈良站"，对此想必您也了解。

如本信所附的"意见"所述，该建筑拥有在建筑作品和城市及区域景观方面的价值。关于 JR 奈良站及其周边地区的重建一事，本协会认为应为后世保留此不可再生的建筑资源，恳请您考虑对其进行就地保护和再利用。

此外，关于该建筑的保存一事，本协会可尽全力进行技术方面的配合。

此致

敬礼

社团法人·日本建筑学会
会长 冈田恒男
2001 年 1 月 16 日

关于 JR 奈良站房的意见

建筑概要

JR 奈良站房是为了替代明治 23 年时建造的初代奈良车站，由大阪铁路公司于昭和初期进行计划，并于昭和 9 年完工的建筑。

该建筑整体为钢筋混凝土结构，共有地上两层和一部分地下层，中央的方形屋顶是木造日式瓦屋顶，总建筑面积约 1000 平方米。该建筑由大阪铁路管理局的工务课（首席工程师柴田次郎，负责工程师增田诚一）负责设计。尽管其设计过程的众说纷纭，但根据马场知巳《车站的变迁 —— 铁道车站变迁史》（1988），建筑工程师增田参考了奈良各个寺庙的特色屋顶，将其设计成日式寺庙风格和近代钢筋混凝土风格融合的折衷风格。

1958 年建筑左翼被扩建，1964 年重新铺装地砖和屋瓦。近年来，检票口周边和各种设施也进行了翻新，但总体上仍保持着建筑初始的特征。

作为建筑作品的特征和价值

该建筑在设计上的特点是日西融合，站房的顶部融合了方形屋顶和让人联想到寺庙建筑的塔尖，同时在内部采用钢筋混凝土结构布置了宽敞的大厅空间。该建筑中的日式设计不仅限于其屋顶，也体现在其柱头和天花板的设计上，并且在屋檐下还悬挂有风铎和宝相华，各处也有着唐草纹等装饰。

（中略）

这种日西融合的设计表现虽始于明治时代初期的仿西式建筑，但在明治后半期便诞生了奈良县产品展览中心（现为奈良博物馆佛教美术中心，1902 年，重要文化财产）、奈良饭店等偏重日式的建筑杰作，而在进入昭和初期之后，又出现了名古屋市政府大楼、京都市美术馆等以日式审美为基调且与环境相协调的建筑作品。1945 年，这种设计思想与铁道部国际旅游课推动的项目相结合，催生了琵琶湖饭店（1945）等旅游饭店和奈良站等日式站房的出现。

与西式建筑相比，我国的近代日式建筑数量较少，在体现我国近代建筑的特色上具有很高的价值。同时，这些建筑具有鲜明的地域特色，因此也是所处地区宝贵的建筑遗产。

城市和景观方面的价值

奈良是众所周知的古都，它的历史可以追溯到古代平城京，自明治初期奈良公园开园之后，一直作为历史、文化和旅游城市发展至今。而随着 1893 年奈良站的开设，三条通便成为近代奈良的东西轴线，在其周边出现了许许多多的城市建筑。

（中略）

换句话说，由于采用了钢筋混凝土结构，融合了传统日式风格的奈良站房及其站前广场，成为作为历史和文化城市的近代奈良的象征。在建成后的六十多年里，奈良站房在来自各地的无数访客的记忆中留下了印记，并受到市民的广泛喜爱。

因此，JR 奈良站大楼既是对地域特色进行积极体现的建筑作品，也是具有历史象征价值和景观价值的建筑。

日本建筑学会·建筑历史与设计委员会
董事长 铃木裕之
2001 年 1 月 16 日

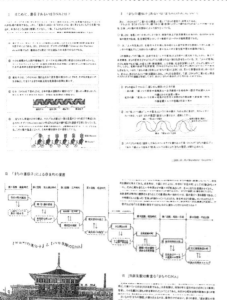

「まちの遺伝子と奈良町そしてJR奈良駅」

I はじめに、遺伝子あるいはDNAとは？

II 「まちの遺伝子」あるいは「まちのDNA」とは？

II 「まちの遺伝子」による奈良町の履歴

IV JR奈良駅旧駅舎保存論と「まちのDNA」

〔記 宮本 孝二郎〕

通过媒体不断向公众普及旧奈良站房之价值:《地域创造》40号
图片来源: 奈良社区营造中心

1935 年左右的旧 JR 奈良站房

图片来源：奈良市市志·奈良县立图书情报馆今昔写真 WEB

1970 年，人们在旧站房前举行集会

站房是城市的景观资源

2002 年，我们与 JR 西日本[1] 开诚布公地谈过之后，JR 西日本的建设项目部给出了回复。

1. 本公司作为铁路公司的立场是，希望今后奈良县、奈良市和 JR 西日本能够相互合作以推动社区治理。

2. 本公司认为，在车站前的动线上，方便乘客理解和移动的设计十分重要。

3. 因为新的车站将建在高架桥下，所以现有的站房将不再具有作为车站的功能。关于再利用一事，本公司认为可以向奈良市提供部分协助。在现有站房的建筑平移涉及 JR 土地的情况下，如果有奈良市与本公司进行有关土地处理的沟通，则本公司将进行相应的研讨。

4. 新车站的设计图还停留在白纸状态。

1.JR 西日本：1987 年 4 月 1 日，日本国有铁道施行分割民营化后，成立了 7 家铁路公司，合称 JR(Japan Railways)。目前 JR 东日本、JR 东海、JR 西日本、JR 九州等 4 家 JR 公司因营运状况稳定、能够完全自负盈亏而不依赖国家补助，已经达成全面民营化的目标。

迁移后的 JR 奈良车站旧大楼及广场，正在举办灯会活动

图片来源：奈良市观光战略课

迁移保存后的旧站房成为游客中心

图片来源：レトロな建物を訪ねて

JR 西日本的诚恳回复令人感动。

我们怀着无比喜悦的心情向奈良市转发了 JR 西日本的回复。可令人遗憾的是，奈良市并没有给出任何的解决方案。

就在旧站房即将进行建筑平移的时候，京都大学名誉教授三村浩史以个人身份来到现场考察，并发表了以下看法：

1. 站房充分体现了当时的设计意图。这是一栋在整体造型的平衡感和细节样式等方面都作了精心设计的优秀建筑。两翼站房的增建也进一步烘托了主体建筑的魅力，并且维护管理状态大致良好，令人切实地感受到相关人员对它的重视。

2. 我很遗憾，站房随着站台和线路的迁移变成碍事之物。如果可能，我想请求变更铁路公司方的设计方案，但貌似那样也很难实现。通过市民与市政府之间的交涉，暂且决定了基本保存的方针，这对于奈良的社区治理来说，确实是个很大的成就。

3. 接下来应该思考的是城市景观上的课题，也就是要如何来构筑包含站房的站前广场。

（1）铁路车站的站前空间是城市的玄关（city gate）。随着汽车时代的到来，城市已经失去了它的玄关，但是未来铁路将使其得到更大的恢复。

（2）对市民与访客来说，站前空间是象征着交流的广场。它必须充满魅力且热闹繁华，在设计、维护和创造上的成就必须让市民感到骄傲。

（3）以城市景观的视角思考站前广场的话，我认为对奈良来说需要重视的是其场所性中的文脉。[1]

2004 年，完成使命的活化会宣布解散。

2004 年 5 月 9 日，将使站房向北移动 18 米的"旧 JR 奈良车站建筑平移"开始施工，无视介入存废问题的众多市民的意愿，仅用 4 天便完成了工程。施工费用据报道是 4 亿日元。

2005 年 12 月，中心向市长请愿，希望尽快组织关于旧 JR 奈良车站活用方法的市民恳谈会。[2]

必须尽快地让市民对旧站房的活动方法进行讨论。

---

1. 日本的铁路与车站：对大多数中国人来说，铁路车站只是选择铁路出行时的一个途经点，人们真正关注的是离开它之后所要去的地方。而在日本，城市中的商业、娱乐和餐饮设施都是围绕着铁路车站搭建起来的，因此它对日本人来说不光是交通设施，更是日常生活中重要的舞台。中日两国之间的这种差别，源于近代日本的城市开发在很大程度上就是基于铁路和车站进行的规划。20 世纪初，日本各大城市已经初具雏形，人们不断涌入大城市寻找工作，使其房价上升和环境恶化，开启了郊区城市化的进程。此时，由于私家车尚未普及，所以土地开发者们选择以铁路连通城市与郊区，在沿线建设楼盘并围绕车站配置生活设施。这样的规划成功地打动了城市中大量的工薪阶层。后来，铁路和车站之于日本人便像汽车之于美国人一样，成为日常生活中理所当然的存在。更因为车站在日本城市空间中的核心地位，其逐渐也成为许多城市最贴近市民和访客的象征性建筑。

2. 市民恳谈会：作为地方长官的施政依据，市民恳谈会的概要与记录一般会于政府信息平台公开。可惜奈良市政务网站仅提供平成 23 年（2011）后的资料，故尚无法确认 2000 年代中期奈良市是否组织了关于旧 JR 奈良站活用方法的市民恳谈会。

奈良街景，左侧街屋即奈良社区营造中心

作者：龙元

第 4 章

以街景与生活共存的街区为目标

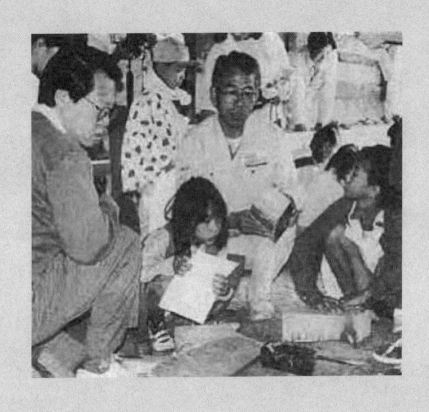

1995 年奈良物语馆修缮，"喂，见学日"邀请儿童参与修缮

图片来源：《地域创造》26 号

孩子们会留在这个街区吗

在奈良町物语馆修缮期间，中心招募本地儿童举办了三次的"喂，见学日"[1]。裸露的屋顶框架和房梁等等，展现了一百年前的木匠们的手艺，这便是超越了时代、娓娓道来的活教材。

活动中，变身为泥瓦匠的孩子们搅拌稻草和泥土，然后浑身是泥体验用抹子粉刷石膏墙和涂装外墙。我们通过这种轻松的方式，让孩子们了解因过去的木匠们反复钻研添加和利用古老材料，才有了传承至今的技术。

孩子们充满好奇的眼神，让我们开始思考如何让传统町屋成为学习的空间。这次体验活动成了中心自主项目"学习型社区构想"的契机。项目的目标是通过向具有历史积淀的地区学习回馈该地区，以及提供在游玩中培育社区治理的感性活动。

奈良町物语馆成了中心的活动据点之后，我们便开始整理书籍，将堆积在阁楼中的社区治理资料向地区开放。也有人捐赠儿

1.见学：一种旨在让参与者通过对实物、实地、实事的观察来获取知识的教育活动。

童读物，所以我们开设了"游文库"，还发行新闻月刊《来自游文库的问候》。同时，志愿者妈妈们开始读书和讲民间故事给小朋友们听，并带他们玩传统游戏。正月的抢花牌[1]、立春的撒豆[2]、三月三的女儿节[3]、端午节、去河边找萤火虫、七夕、赏月等等，这些费时费劲的游戏和手工点心都受到孩子们的欢迎。

讲故事的时候，我们会将房间弄暗并点上蜡烛以增加演出效果，让孩子们听得小心脏怦怦直跳。而讲述者在其中也感受到自我实现的满足，因此会投入更多的热情去磨练讲故事的技巧。

这个街区也被汽车夺走了儿童的游玩场所，现在已经看不到孩子们在外面乱跑的身影了。街区里的老人们还惦念着记忆中奈良町的老游戏——捉迷藏、拍洋画、放风筝、打陀螺、过关、攻阵、弹弹珠、跳房子、骑竹马。

---

1. 正月抢花牌：一种纸牌游戏。先把纸牌摆在地板上，接着在唱牌人唱牌时，玩家触摸寻找对应的纸牌，最先触牌的玩家可以获得那张牌，最终拿到最多牌的玩家获胜。游戏不限人数，可以大家一起开心地玩，也可以进行一对一的认真比赛。

2. 节分撒豆：在立春的前一天举行的驱邪祈求新年幸福的仪式，该仪式将节气交替时容易发生的疾病和灾害比作鬼，撒福豆将其赶走。将炒好的大豆供奉在神龛上的是福豆（如果没有神龛的话，可以在视线较高的地方铺上白纸供奉）。自古以来，谷物就有灵力，人们认为福豆可以驱除邪气。

3. 女儿节：是祈祷女性健康成长的节日，在雏人偶上供奉樱花、橘、桃花等树木的装饰，以及女儿节食用的糖米糕和菱形年糕等。

成立游文库

图片来源：黑田睦子

孩子们会在门口的床几上休憩，或者钻过暖帘打开格子门爬上箱式楼梯。他们会在阁楼看书、吃火灶烧出来的饭、用吊桶从井里打水、观察虫笼里的蟋蟀、和大哥哥一起打年糕或烤地瓜。这些对孩子们来说是最自然的环境教育。这里有时会变成妈妈们相互咨询育儿经验的场所，有时又是全家一起参加活动的地方，奈良町物语馆中总是洋溢着孩子们欢快的声音。

会员中的奈良教育大学老师策划组织了"奈良町探险队"，每年暑假都有 30 名当地的小学生参加。参加者也包括大学生、志愿者和义务导览的叔叔阿姨。活动中，所有人会被分成"奈良町的历史""奈良町的町屋"和"奈良町的传统产业"三组，一起漫步这个街区。期间，大家一起敏锐地观察，把对街区的发现画在模造纸上。

最受欢迎的是传统产业小组。大家会参观"制墨""赤肤烧陶器""奈良泡菜"等各种商店，并在现场听店主们的介绍。奈良市里有一间传承了 300 年的制墨厂"古梅园"。那里的固体墨是将菜籽油或芝麻油燃烧后的灰与动物胶混合制成的，需要手工制作，过程中工人全身都会被染得黑油油的。这让只知道墨水和毛笔的孩子们看得眼睛都睁圆了。

制作赤肤烧的"宁屋工房"就在奈良町物语馆旁边。人们能在这里看到师傅是如何揉陶土，又是如何转动拉坯机的。工房中画有传统奈良绘的茶杯和闪烁着烛光的灯火器也很讨人欢心。

在奈良泡菜店"马醉木之乡"，大家看到从木桶中取出的腌瓜和腌黄瓜时总会兴奋不已。店家会向只在便利店看到过奈良泡菜的孩子们详细说明制造过程并提供试吃。只有很好地了解了自己所处的地区，才能为它感到眷恋和自豪。

孩子们通过"奈良町探险队"完成了暑假的自由研究。中心会在年末为他们举办作品发表会兼圣诞晚会或打年糕活动。

社区治理是没有终点的实践活动，培养下一代的社区治理担当者是我们的使命。

奈良町物语馆的火灶烧饭活动
图片来源：奈良社区营造中心

奈良町物语馆的吊桶打井水活动
图片来源：奈良社区营造中心

古梅园制墨

图片来源：制墨世家古梅园，《每日头条》，2017 年 3 月 17 日

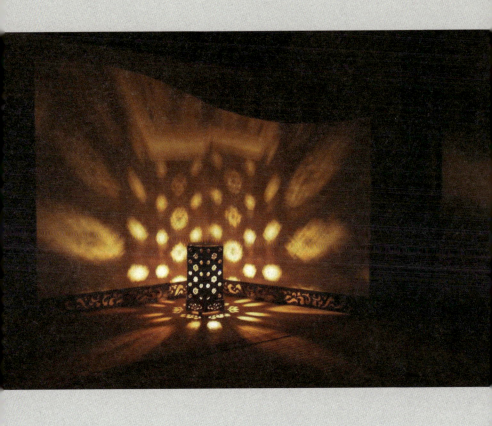

奈良町物语馆展出赤肤烧灯火器

图片来源：奈良社区营造中心

爱上怀旧街区的年轻人

由于街区行车不便，町屋阴冷且住起来麻烦，而曾经离开的年轻人现在则认为它们是"怀旧又时髦的街区和住宅"。

每年三月，由中心学生会员组成的团体"乐生座"都会在奈良町物语馆举办毕业论文发表会。他们论文题目多和奈良町有关，由此可见学生对奈良町关心的程度之深。

奈良县立大学地域创造学部、奈良县立西京高中地域创生课程、中小学的综合学习等，一起普及培育地区营造感受性的教育。大学的研讨会、初高中的社造研修和田野调查等，增加了学生们接触中心活动的机会。我们不仅提供教室里的课程，也重视现场的体验学习。

中心有一位理事是关西学院大学的片寄俊秀先生，他的研究租用衰退的三田市本町商业街上闲置的町屋店面，开设"闲乐亭本町实验室"。实验室在萧条的商店街中建立农家早市，通过农、商、学的合作振兴街区。2006年，他在同一地方成立了NPO法人"社造道场"，为商店街的复活发挥年轻人的力量。

在社会的价值观中，地区再生是不是已经从重视高层建筑、大马路、主题乐园等硬件建设，转变为重视人们对治理的参与了呢？

在以学生为对象、为期三天两夜的奈良町物语馆"奈良町短期留学"中，有"儿童与街区""学生想象中的未来社造"等工作坊，以及促进赤身交流的公共澡堂体验。这些活动或许能使学生们重新发现地区的社会资源。

奈良市音声馆的"童谣祭"是由乐生座与地区 NPO 和寺院共同合作组织的。学生们还策划了怀旧蜂窝糖制作、吹泡泡、攻阵、一二三木头人等活动，而奈良町物语馆则是他们绝佳的活动场地。有时，这里也会举办女学生们组织的时尚秀。

暑假时，乐生座会和孩子们举办"在元兴寺放飞手作竹蜻蜓！""流水面线大会"[1]"点西瓜灯"等活动，加深世代之间的交流。

2006 年 3 月，奈良女子大学、奈良大学、奈良教育大学、神户大学、奈良县立大学等在奈良町物语馆召开毕业论文发表会。会上共发表了八篇论文，论文题目都和巷子、闲置店面活用、人力三轮车、观光等地方资源有关。发表者们以年轻人的感性担当对奈良町进行了多方面的研究。面对这些有望扛起未来社区治理的"人财"，居民和学生热心地倾听了他们的发言。

---

1. 流水面线：将面线放入竹制的渠中，让其从高处往低处漂流，再由食客用筷子夹取品尝，是日本夏天的一道风景。

乐生座的毕业论文发表会
图片来源：藤野正文·奈良町造中心

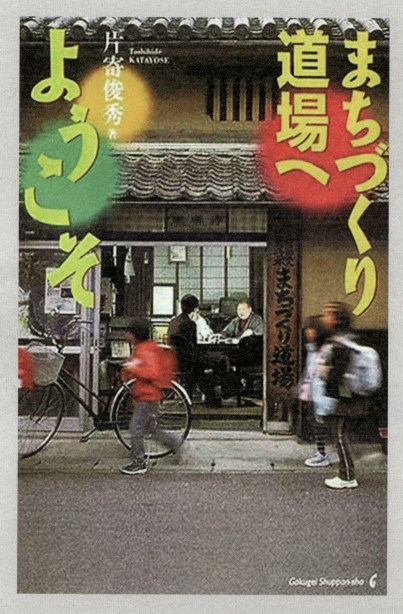

片寄俊秀著《欢迎来到社造道场》，封面为闲乐亭本町实验室

图片来源：amazon.co.jp

"奈良町童谣祭"海报

图片来源：奈良町童谣祭

面向居住福祉资源的创造

奈良町的老龄化率接近 30%，独自居住的老人家越来越多。

中心最初定下的目标已经达成，实现了街区的保存。但是，如今我们又要继续面临新的社区治理课题——营造老龄化社会中可持续生活的无障碍社区。

中心的建筑家们每个月都会举办"安心、安全、舒适的居住营造研究室"来接受居民的咨询。防灾正是这个木造建筑密集地区的最重要课题。

最近几年，奈良町火灾不断。有两起火灾发生在中心所在的街区，而且都是在夜间发生，也都有伤亡者。还有一起火灾发生在世界遗产元兴寺的附近，听说起火原因一直都没能查明。

奈良町中，每家每户的门外都放着贴有"灭火"和红色"水"字的木桶，用来提醒人们自觉注意防火。居民们还组织夜间巡逻队，但是由于老龄化的影响，巡逻队的功能正在逐渐弱化。每当这里发生火灾，就会因为道路狭窄导致消防车难以进入，所以人们一直在讨论是否要进行道路拓宽。可是，一旦拓宽这些符合人体尺度的道路，就会使得奈良町失去特色。我们希望的解决方案是，配置能够适应街区路面宽度的小型消防车和将电线杆地下化。设置防火水箱也不失为一个好办法，可以考虑复原已被暗渠化的河川来加强早期灭火能力。

从阪神大地震的经验来看，灾害时有可能发生道路被倒塌的房屋阻断的状况，因此最近有人正在研究利用河水来进行早期灭火、或是利用水运运输医师团队等传统的救援体系。

每天都有汽车或者摩托车开在奈良町狭窄的道路上。对此，我们希望能够对车辆进行限制，让拄拐杖的老人家、坐轮椅的残疾人和推婴儿车的父母们可以在这个街区安心地步行生活。

由于城市化的影响，许多巷弄已经从街区中消失了。但是，巷弄作为能够感受到当地居民的气息与温度的空间，是具有稀缺价值的。而且人们正在重新认识这种价值。奈良町的小巷就如同迷宫一般纵横交错，里面藏着老旧的长屋、旧书店、澡堂和在围墙上睡懒觉的猫，处处散发着人间烟火气。

2004 年，我们探访了北京的胡同小巷和传统民居四合院。当看到铭刻了 700 年历史的生活空间，那些传统民居变为耸立的高楼大厦时，我在心中不免伤感。

在中国，我们还见到灵活且环保的交通方式——脚踏三轮车。而且令人开心的是，乘坐一次只需要 300 日元。奈良町曾有过往返于 JR 和近铁奈良车站、收费 100 日元的社区巴士"奈良町巴士"，可惜它于 2005 年末就停运了。京都有 NPO 不依靠政府的补助金，通过组织"醍醐社区巴士市民会"[1]，与市民的智慧和地区的商业

---

1. 醍醐社区巴士市民会：以市民自主运营的市民参与路线为特征。"市民会"通过运营社区巴士优化环境、充实居住福祉、活化商业的繁华。其活动内容包括：通过工作营、研讨会、调研以征集市民意见，促进市民参与；促进居民、商家、社团利用社区巴士；推动对行政机关的影响。（醍醐社区巴士市民会官网）

设施展开合作，以此来运营市民巴士。奈良市则有面向护理保险对象的福祉出租车，服务许多需要护理的老人家们。

我们所面临的课题不仅有奈良町的街区观光，还有如何与居民的生活共存。

过去曾开着各种各样的生鲜食材店的椿井市场，如今每年店铺数量都在减少。

奈良町的附近有两栋大型超市撤出后就一直闲置着，而生驹市居然连当地的综合医院都倒闭了。就没有人考虑这背后的社会责任吗？对于老龄化社会来说，比起只能去郊外的大型超市一次性买齐一周的食材，能在家附近多次少量的购买则更加便于生活。同时，熟悉的医疗设施也能给予地区居民无可替代的支持。

在奈良町内，还存在着众多于各个领域活动着的 NPO 和 NGO。

除了中心之外，人们还成立"奈良町俱乐部"、"奈良町童谣祭执行委员会"、"奈良·町屋研究会"[1]、"奈良市国际交流志愿者协会"[2]、中老年组织"奈良·观光志愿者·朱雀讲解队"、改造自民居的"僧伽侔座"[3] 和"奈良女子大学研讨室"、"奈良志愿者制造"[4]、"奈良的街道即是研讨室"研究会[5] 等组织。各组织一边开展自己的活动，一边相互保持着松散的合作。

由町屋改造的社区电台"奈良 Doto FM"、销售残疾人手工制品的"优品自由市场"、从街头跳到街尾的"婆娑罗祭"、地区货币、童谣祭、电影制作、落语[6]会、室内音乐会、元兴寺内的夏日祭等等，这些项目和活动让奈良町保持着聚集人群、促进交流的机能。町屋再生的餐厅和吃茶店则因为家一般的氛围，而成为熟客们日常闲聊的空间。

日常的生活和人与人之间的联系创造出奈良町的社会福祉资源，而且它能够与观光资源同时并存。

奈良町的粉丝、多摩大学的望月照彦教授评价说："奈良町是一个将生活与观光融为一体，并赋予访客安心感和认同感的生活观光街区。"

要让奈良町的观光、街区保存和舒适的生活在相互妥协中共存，就不能让旅游大巴载着大量游客涌入街区。我们应该要重视的是，真心地喜欢着奈良町的回头客们。

---

1. 奈良·町屋研究会：致力于町屋的再生和再活用，近年采用张弛有度的设计、考虑环境共生素材、时尚的居住方式和商业、新的住宅设备等要素，并与各种各样的形态相结合。即将传统町屋的学问运用到现代生活。

2. 奈良市国际交流志愿者协会：致力于到访奈良市的外国人与市民的交流，促进"国际文化观光都市奈良"魅力的广泛认识。主要活动有英语会话沙龙、留学生日本文化体验、各国料理交流、奈良町童谣祭协助等。

3. 僧伽伴座：致力于有关奈良县民、町屋活用等地方活化事业，以及使历史环境或自然环境充满活力的社区治理。主要活动有町屋活用的地方活化事业、研讨会和社区治理讲座、交通拥堵和环境保护对策，以及促进自行车活用等。

4. 奈良志愿者制造：广泛地以市民为对象，进行地区信息收集并传播和社区治理相关的活动，从而为地区的活性化作出贡献。

5. "奈良的街道即是研讨室"研究会：从昭和初期到1995年，古代史、佛教美术、寺庙建筑等专业的学生和研究人员的活动场所，也是会津八一、龟井胜一郎、和辻哲郎等著名学者、文化人谈笑风生的"沙龙"，在富有知识刺激的环境中滋养学生。为了传承日吉馆的精神和机能，成立"奈良的街道即是研讨室"研究会。

6. 落语：类似于单口相声的日本的一种传统曲艺。

朝向永续居住的街区、生机勃勃的街区

在奈良町，在住惯了的街区和家中安心地生活到最后，是多数人的愿望。

庭院中的鸟鸣、风的声音、四季的花草等司空见惯的日常风景，对老年人来说是无可替代的安慰。每年初夏，町内各家都会分到牵牛花[1]的苗木。大朵牵牛花既为町屋的格子增添了色彩，也款待着每一位来客。

奈良町内目前有 80 所空屋。作为对策，我认为可将其活用于支持高龄者或残疾人的创业或社区商业。为此，必须要有一种机制，使 NPO 在业主与租户之间居中协调，并让政府提供支持。

武藏野市在 1998 年，将"依靠本地力量的社区再生"作为目标，启动了活用当地人才和空屋资源的"千万房屋计划"[2]。

这项计划通过年度 1000 万日元上限的市政府补助金，活化官方和民间的既有资源，运营日托型的小规模集体护理中心。支撑项目运营的主体则是当地的居民志愿者团体或 NPO。市政府还设置"项目采纳与评价委员会"，先考察项目的内容、贡献度和专业性等，再最终决定是否给予补助。

"千万房屋计划"让使用者仍能维持和家人之间的关系，紧急情况时又能获得短期入住护理服务，同时还配有经营咨询等创业与运营支持。最棒的是，它的成本比增设新的设施更低。

2006 年，开设了 6 所面向高龄者和 1 所针对儿童保育的"千万房屋"，它们由 NPO 法人或志愿者团体进行项目运作。

不仅如此，武藏野市还一直实行着"以房养老制度"[3]，让居民可以通过抵押自宅贷取居家生活费用。这般重视并有效利用社会资源给予高龄者福祉的态度，还吸引了从其他府县搬来的移居者。

如果奈良町能够利用空屋开设"町屋护理支援中心"或"町屋日托型护理中心"的话，那么与奈良町的日常生活息息相关的町屋，一定能成为年长者安享晚年的空间。如果学童托儿所和敬老院能够一体化，那么孩子们和老年人之间便能够跨世代的交流。町屋的社区餐厅，再怎么说都比配餐服务更能增加年长者们的外出机会吧。

2003 年秋天，中心参访京都西阵的町屋活化项目"聚乐日托型护理中心"。"聚乐"的意思是聚在一起享受欢乐。"这里饭也好吃，待着也舒服"，一位在缘侧上休憩的老人家如此说道。附近还有一处改造自废弃公共澡堂的日托型护理中心。两家中心

---

1. 牵牛花：奈良时代末期，遣唐使带回中国的牵牛花种子。在奈良时代、平安时代作为药用植物，因晨间开花而称之为"朝颜"，日本最古老的和歌集《万叶集》中留有 5 首诗歌咏之。江户时代在江户兴起观赏园艺的牵牛花热，今为日本最发达的古典园艺植物。

2. 千万房屋计划：该计划从 1998 年起运作至今。虽因疫情影响，相关照护中心不得不暂时采取闭馆措施，但计划本身并未中断。目前仍然存续的相关照护中心有西久保町、吉祥寺町、关前町等 8 处设施。

3. 以房养老制度：武藏野市的以房养老制度于 1981 年开始实施，属于日本地方政府在养老政策方面的先驱性尝试。后来，随着国家层面的制度完善和民间金融机构的参与，地方政府单独实行相关制度的意义不再。因此，武藏野市于 2016 年停止该制度的运作。

都是由社会福祉法人在运营。不过，今后由 NPO 负责运营的案例必定会越来越多。

虽然日本已步入老龄化社会，但是并非所有高龄者都处在需要护理的状态，还有很多老人家仍然精力充沛。他们还可以为了人生价值、自我实现或社会贡献而创业。从预防医学的角度来看，这对他们来说也是最佳的终身事业。

滋贺县长滨市的非正式团体"白金广场"，诞生自"银发族通过锻炼也能成为白金"的理念。它是由 36 位高龄者，采取每人出资 5 万日元的职工集体创业方式成立起来的。该团体运营着"蔬菜工房""熟食工房""循环再利用工房"，以及将闲置店面活化为有着地炉的吃茶店——"井户端道场"等项目，人生价值和就业一举两得。

爱知县足助町（现·丰田市）的"三州足助馆"是由老年人们开设的体验学习制碳、编织、木屐制作、竹子工艺等手艺的场所，同时也是一处观光设施。

足助町中，还有着以"保持现职到百岁"为口号、通过第三部门设立的多功能设施"百年草"。该设施集合了町营酒店、餐厅、日托护理、温泉、男性高龄者负责制作火腿的"爷爷工房"、女性高龄者共同制作面包的"奶奶的家"等项目。据说这些项目的年销售额达到 4 亿日元。在中心组织的考察学习会上，参加者们竞相购买火腿和面包的景象着实令人惊讶。

据《朝日新闻》奈良版报道，当地的县立医科大学与大和房屋工业[1]自 2006 年起举办"居住医学讲座",致力于研究"延长健康寿命的家"。他们正在验证致病屋症候群、过敏症、生活习惯病、脑溢血等疾病与住宅之间的关系,目标是"住宅医学"的普及。[2]

听说,最近奈良的 17 座寺庙组成的南都二六会（会长是十轮院住持),以"寺庙与福祉与地区贡献"为目标,利用佛寺举办促进交流的高龄者沙龙。据称这也包含着他们对市民逐渐远离寺庙的危机感和对活化寺庙的期望。[3]

就像过去"避难寺庙"[4]所体现的那样,佛教的使命曾是帮助受苦的人和治疗病人,但不知从何时开始,佛教的功能变成了举办丧事和供人观光。而现在不正是重新审视佛教原点的好时机吗?

效仿基督教的临终关怀,将佛教精舍用于缓和护理,这个想法是否可行呢?

之前,我访问过大阪的淀川基督教医院临终住院楼和浜松的圣隶临终病房。它们有宽敞舒适的单人病房、可以与爱犬爱猫等宠物见面、家庭能够留宿、允许带入惯用家具和绘画作品,还设

---

1. 大和房屋工业：总部位于大阪市。
2.《朝日新闻》奈良版,2006 年 2 月 11 日。
3.《朝日新闻》,2005 年 6 月 12 日。
4. 避难寺庙：日语为"駆け込み寺",指日本江户时期寺庙保护遭遇婚姻不幸的女性的特权,拥有此特权的寺也称"缘切寺"。由于日本在江户时期的离婚制度规定,离婚只能由丈夫一方提出,因此当时的女性为了逃离婚姻,只能求助于拥有救济弱者义务的寺庙,由寺庙出面调停或者直接剃度为尼。后来,江户幕府官方认可了此种做法,并正式认定镰仓的东庆寺和群马的满德寺为"避难寺庙"。虽然公认的"避难寺庙"只有两间,但这两间寺庙有权受理全国范围内的离婚调停。据昭和时期的东庆寺住持统计,在江户时期的 150 年间,单东庆寺便受理了 2000 多件已婚女性的求助。

有可以制作惯常料理的厨房、倾听患者诉苦的牧师和祈祷的场所，等等。这些都是为了缩小与日常的差距、守护"患者的生活品质"的医疗体制。它们还配置应对居家临终护理的医生。我期待佛教人士也能担起直面患者精神痛苦的任务。

从前，奈良町的西光院会以晨粥待客，还有住持通过宣讲佛法温暖居民和游客的身心，因此获得很高的声誉。这正是奈良町热情好客的体现，但可惜的是，这些举措都随着住持的过世而中断了。

2005 年，中心参访大阪的一心寺。他们从举办傀儡戏发展出了"一心寺剧场"，常年打开寺门和正殿，还在寺内开设跳蚤市场和休息处，为无家可归的人提供淋浴设施，也组织面向家庭暴力的咨询会，与所在地区紧密相连。

处处积累着先人智慧的奈良町，拥有使历史、文化、福祉、产业综合且有机地结合在一起的潜在机能。

如果我们能发挥智慧和创意去挖掘奈良町中多样的居住福祉资源，并对其进行再生和活用，那么一定能够更进一步地使这里成为生活永续的街区和生机勃勃的街区。

牵牛花与奈良町
图片来源：日本的风景——四季的抒情诗

歌川广重《三十六花撰·东都入谷朝颜》，1866 年

图片来源：东京都立图书馆

编译后记

刘昭吟　齐全　黄秋琳

　　触发本书编译的机缘是 2020 年新冠疫情。隔离在家的我们想做点什么，来驱散不安和焦虑，并激励一个月前才庄重欢欣地达成阶段节点的泉州古城社造团队保持斗志。日本社造"妈祖婆"——黑田睦子的《以市民为中心的社区治理：奈良町的居住与福祉》映入眼帘，这是疫情发生前两个月，黑田女士在"亚洲遗产网络 AHN2019 国际会议"中，与泉州古城社造团队互赠的著作。以此为社造共学材料再恰当不过了，不能聚集，那就练功。

　　本书是日本社区治理先锋——"奈良社区营造中心"的奋斗史。日文原书出版于 2006 年，回顾了 1979 年至 2005 年的 26 年间，不同阶段的特定背景下，奈良民间自发提出的社区治理目标和方法，其议题如何形成以及如何遭遇阻力、迎战、转型、再接再厉、屡败屡战的整个过程。这是一本很容易被当作闲书而被低估的社造书，因为我们太习惯于"7 日教你成功社造""社区营造大法""社造案例大补帖"这种速成工具书。

　　在我国，社区营造作为社区治理的组成分，以参与式规划设计、软件和硬件并重、打通自下而上渠道为特征。学术界、实践界和观察界总有"社区营造从哪里传到哪里再传到我国"之议，于是倾向于通过"抄作业"来界定社造工作和衡量成败。前者作为考据学癖好无可厚非，后者却背离社区营造的真义。正如疫情防控实际是社会的、政治的、文化的制度，而无法抄作业；但防疫经验、技术、方法、制度可以分享，且很有必要交流，因为交流是学习和创新的充分条件。社造亦然。社区营造是一群具有纯粹合作意识和责任感的市民，为创造集体生活福祉所进行的努力。努力是一连串的行动、经验、精神，它可以被分享、被继承、被学习，但它不是套路。

本书编译和审校都是泉州古城社区营造的深度参与者。刘昭吟是组织者，龙元是评委，齐全是隘南社造队队长，黄秋琳是东门社造队成员。早在2017年泉州古城社造启动之初，龙元便借会议之机安排黑田女士与社造团队座谈。年轻的社造伙伴总有"该抄什么作业才是社造"之虑，然黑田说："眯着眼睛遥望25年、50年以后，我们有生之年看得到的泉州应该是什么样，你就会知道今天应该做什么。"参访过程中，80高龄的她快步走在队伍前面，精力充沛，好奇心满满，贴着玻璃窥探老宅里的生活，欣喜万分地告诉同伴壁龛上的精致雕刻。这种活到老好奇到老的状态，不禁使得我们都暗暗许愿，但愿自己将来也能老成这样。

在一次分享会中，齐全述及对本书的感受，很具有"返璞归真"的代表性："初读本书并未被打动，因为它是叙事性的。对于急于扮演社造专业者的我来说，从这本书中既学不到什么可以唬人的概念，也没有可供复制粘贴的流程方法。但随着在真实社造实践中'越陷越深'，我开始意识到本书所蕴含的价值：它不是宏大的概念，不是假客观的技术路线，不是前辈对后辈高高在上的指导，而是同行者对同行者的亲身示范。这样的言传身教，便是常被各种外功抢去风头，但对社造而言却是最为重要的心法——通过人与人的平等连接，共同创造幸福。"

犹如故事集的本书，恰恰反映着社区治理的真实状态：点点滴滴的日常看似没有关联，其实是被有意识地联系在一起，在行动中被经验，从而凝聚为集体默契。多维复杂的日常真实性，胜于简单绝对的抽象结论，因此我们希望阅读本书也是语境胜于文本。为此，我们增加了译注、图片、事件的来龙去脉、关键性文件等，以期让读者更好地浸润在语境中，从中窥探事件的因缘和合，从而形成通透的、具有洞见的行动策略。

奈良社区营造中心有意识的"市民主体的公共性"行动策略，贯穿于日常生活，积累成一种生活方式，也体现在本书的出版过程中。版权是出版物的关键，本书的简体中文版权需东信堂授权，我们增加的译注图片也需一一确认授权。这些知识产权方，有的热情回应，有的邮件、电话、传真均不易联系，黑田女士、二十轩起夫先生、岩井一郎先生、藤野正文先生总是以直面问题的积极态度，协助我们建立起联系，最终图片授权涉及奈良社区营造中心、历史街道推进协议会、奈良县立图书情报馆、奈良市观光战略课、奈良市文化财课史料保存馆、网站"日本的风景"和"奈良町漫步风景纪行"等诸多机构及其原作者。再一次，积极的善意、纯粹合作网络，正是社区营造的精神。

这个纯粹合作网络，向《上海手册：21 世纪城市可持续发展指南·2021 年度报告》（联合国人居署、国际展览局、上海市人民政府主编，中华人民共和国住房和城乡建设部支持）拓展了。在我们因 BBC 纪录片《地球改变之年》而关注奈良鹿时，第一时间便是请教黑田女士；黑田女士协助我们建立一个信息咨询网，使得我们的案例敏锐感向准确度大幅提升，最终成就了《上海手册》的社会篇案例"奈良鹿：人和动物包容共处的城市公共领域"。这是上海与奈良的再次相遇。

本书的翻译动笔始于 2020 年新冠疫情最初爆发，编辑排版终于 2022 年上海奥密克戎疫情下居家隔离工作的江岱编辑及其同仁。她为这不足五万字的小书安排初审、复审，逐字逐句理顺文意，并主动增加译注，这使得一向以"劳动楷模"自居的我们，在编辑敬业精神的激励下，以更为严谨的态度追求尽善尽美。

最后，谨就本书涉及日语まちづくり的中译加以说明。まちづくり之字面意义为"街造""町造"，20 世纪 80 年代起不再限于硬件建设，转向了以市民力量介入城市规划建设，范围扩及文化、景观、养老、福祉等，深度从提案请愿到参与公共决策和服务供给。まちづくり较常被英译为"town planning""city development"或"community development"，但由于其参与

地方自治的综合性和深度，亦有以"community governace"（社区治理）解之者。本书依据上下文语境，以"社区治理""社区营造"兼而译之，前者指代基层治理或地方自治的方方面面，后者偏指市民主动发起并参与社区治理的社会行动。

译者

2022 年 4 月

图书在版编目（CIP）数据

以市民为中心的社区治理 : 奈良町的居住与福祉 /
（日）黑田睦子著 ; 刘昭吟, 齐全, 黄秋琳译 ; 龙元校
. — 上海 : 上海文化出版社, 2022.7（2022.12重印）
ISBN 978-7-5535-2558-7

Ⅰ. ①以… Ⅱ. ①黑… ②刘… ③齐… ④黄… ⑤龙
… Ⅲ. ①社区管理–管理模式–研究–日本 Ⅳ.
①D731.38

中国版本图书馆CIP数据核字(2022)第125481号

出 版 人：姜逸青
责任编辑：江　岱
装帧设计：王　伟

书　　名：以市民为中心的社区治理 —— 奈良町的居住与福祉
作　　者：（日）黑田睦子
译　　者：刘昭吟, 齐全, 黄秋琳; 龙元 校
出　　版：上海世纪出版集团 上海文化出版社
地　　址：上海市闵行区号景路159弄A座三楼 201101
发　　行：上海文艺出版社发行中心
　　　　　上海市闵行区号景路159弄A座二楼 201101 www.ewen.co
印　　刷：上海安枫印务有限公司
开　　本：889×1194 1/32
印　　张：5.75
印　　次：2022年9月第1版 2022年12月第2次印刷
书　　号：ISBN 978-7-5535-2558-7/C.007
定　　价：58.00元

告 读 者：如发现本书有质量问题请与印刷厂质量科联系 T：021-64348005

写给黑田睦子

寄：上海市闵行区号景路 159 弄 A314（201101）或 E-mail:anchorj@163.com